# 不変の成功法則をつかめ！

「信頼と支援」でグローバルに絆を創造する理念経営

## はじめに

### ■物質文明の終わりと、新しい時代のはじまり

世界は今、激動の時代を迎えています。物質社会から、情報やアイデアがビジネスの中核を担うようになり、貨幣による取引から電子マネー（フィンテックなど）が、世界経済を動かすようになりました。

時代という潮流のなか、40代～50代以降のビジネスマンは「改革の流れに乗れない」といった大きな問題を抱えています。未だ、前時代の物売りを継続することも多く、部下に対しても同様の観点で指導・育成する傾向が見られるのです。「物売り」を否定する訳ではありません。しかし、国民の約半数がスマートフォンを所有する時代です。過去とは違い、現代の消費者はより賢く、効率の良い方法で物やサービスを吟味する「選択肢」を獲得したのです。

### ■激動の時代を生き残る『不変の成功法則』とは？

２０１６年には、英国のＥＵ離脱問題をきっかけにポンドが暴落、その後もアメリカ大統領選挙でドナルド＝トランプが次期大統領として選出されるなど、世界が旧社会からの「変革」を求めていることが良く分かります。

今、私たちの社会は新しい時代を迎えようとしています。国境を越えた「グローバル社会」において、リーダーとなる『経営者』たちは何を考え、どのように実践する必要があるのでしょうか…？

こうした時代の中でも「成功する経営者」には、ある共通したルールが見られました。それは「不変の成功法則」であり、成功の核となる考え方です。不変の法則を知っておけば、今後社会にいかなるテクノロジーや制度が導入されたとしても、揺るぎない気持ちで新たな世界観を受け入れることができるでしょう。また、揺るぎない信念を持つリーダーやトップには、自然と信頼できる人たちの輪が形成されていきます。

本書では、成功者の考え方や生き方をヒントに導き出した『信頼と絆の経営』について、詳しく解説したいと思います。ここでのアイデアが、皆様の「不滅の経営」を実現する上での一助となれば幸いです。

市耒晃次

# 目次

## 第3章 経営における、不変の成功法則とは？……67

目次

目次

# 第1章

# 国内と海外のビジネス最前線

近年では、特に地球規模の視野に立つことの必要性を手軽に情報といった形で入手し、感じ取っているのではないでしょうか。地球全体の環境(自然・社会・経済)の変化が、他人事ではなくなってきているからです。そこで、世界から見た日本のビジネスにスポットを当てたいと思います。

## ■世界が迎える転換期、通貨危機、経済崩壊の予兆

世界は今、あらゆるところで驚きの連続が起きていると言えます。2001年のアメリカ同時多発テロ、2008年のリーマンショック及びそれ以降のEUの機能不全、デフォルト(ギリシャ危機)不安、難民問題等々、そして中国主導のアジアインフラ投資銀行(AIIB)の設立など世界の動きに強い影響を与える出来事などです。主要なエリア毎に現状と今後の予測をまとめてみたいと思います。

アメリカ経済は、個人消費は底堅く住宅市場も回復基調で「堅調」と言われていますが、反面、原油価格の下落によるシェール革命での活況も昔のこととなり、また過剰設備の問題を抱えている中国を始めとした新興国の投資が縮小してきたことで、その影響は大きく、

それらを利益の源泉としていた企業にダメージを与えているのです。

また、２０１６年11月には、トランプ候補が次期大統領として選挙に勝つなど、多くの人たちが予想だにしなかった事態が起こっています。このため、日本との外交問題についても、まだ先の読めない状況が続いています。

ヨーロッパについては、イギリスのＥＵ離脱という出来事がありましたが、この影響は当事国のイギリス・ＥＵ諸国のみならず、世界に影響を与えるものと予測されます。これまでのＥＵ諸国は、ユーロ安及び労働コストの廉価な国への生産拠点シフトなどで経常収支を積み上げてきたドイツ一国の高い輸出競争力により成り立ってきました。しかし、難民問題がその経済に大きな影響を与えていることが事実として表面化してきています。フランス・イタリアは、高い労働力コストや企業の社会保障負担などで、競争力が低迷していることに対して、未だに手が打てていない状況です。

前述の通りヨーロッパを牽引してきているドイツでは、難民問題が、直接的財政負担の増加などで、大きな経済的影響を及ぼしてきています。また、「シェンゲン協定」によってドイツとデンマーク両国間を自由に行き来出来ていたのですが、２０１６年1月以降は難民問題の影響で、両国の入国審査の厳格化が実施されました。このことでデンマーク・

オーストラリア・スウェーデン・ノルウェーなどの国々も追随し、ドイツの輸出産業に打撃を与えてきています。従って、EUとして世界を主導する状況は、遠くなってきていると言わざるを得ません。

中国経済は、1978年以降高度成長により生産能力が一気に拡大し、2008年のリーマンショック後には、4兆元の経済対策でさらに生産能力を拡大させました。この生産能力が過剰となり、中国経済にのしかかっているのです。その代表業種としては、セメント業・鉄鋼業が挙げられますが、政府としては大手企業に海外進出を促し、シルクロード周辺国との連携を深める「一帯一路」戦略やアジアインフラ投資銀行（AIIB）の設立などの手を打ってきています。

しかし、中国の景気減速に伴ったセメント・鉄鋼の積極的な輸出対策などで世界的な供給過剰を引き起こすと同時に、資源価格の下落によるデフレ圧力を世界にもたらすといった悪循環が進行してきているのです。

ASEAN経済圏には6億人の人口があり、2015年末にはASEAN経済共同体も発足し、魅力ある市場として脚光を浴びていました。しかし、中国経済の減速で、対中国への輸出比率が10％以上あるASEAN各国は苦境を強いられると同時に、資源安と通貨安が追い打ちをかけている状態です。

多くの日本企業が、中国依存からの脱却のため、チャイナプラスワンを掲げてASEAN諸国へシフトしてきましたが、実は、中国経済の動き一つで、大きく影響されるため、「脱中国」が図れていないという現実があるのです。

## ■世界から見た日本とは？

では、日本国内の現在を見ていきましょう。現在、日本はアメリカ、中国に次いで、世界第3位の経済大国であるとされています。しかし、国内経済は1991年のバブル崩壊以降、株価や地価などの資産価値が一気に下落し、1974年から1990年までの安定成長期には平均4・2％だった実質GDPの増減率は、年平均で0・9％にまで低下。2010年にはGDPの世界ランキングで中国に抜かれ、約40年に渡り守り続けてきた「世界第2位の経済大国」の座を譲り渡すなど、超低成長が続いた期間は「失われた20年」ともいわれています。

またその後も、デフレ脱却に向けたさまざまな政策が取られてきましたが、サムプライム問題やリーマンショックといった、海外（主にアメリカ）の影響を受け、なかなか目に見えるような成果が得られないまま、不安定な状態が続いていました。

そんな中、２０１２年12月に発足した第２次安倍内閣において、安倍首相が表明した経済政策「アベノミクス」は、国内のみならず、停滞する欧州や中国経済を再浮上させる〝エンジン〟としての役割を果たすのではないかと、世界各国からも大きな期待をもって受け入れられました。

大胆な金融緩和、機動的な財政政策、民間投資を喚起する成長戦略という〝3つの柱〟による政策は、急速な円安・株高をもたらし、２０１５年４月には、日経平均株価が２万円を超えるなど一定の成果を上げ、海外からも高い理解と評価を集めました。

しかし、そうした利益は資本支出や賃金の上昇にはつながらず、消費者物価指数を大幅に押し上げるまでには至っておらず、また、消費税率が８％に引き上げられた影響から、経済の成長率は鈍化。さらに消費税率10％へのさらなる引き上げが２０１７年へと延期されたことで、海外の投資家の間には不信感が募り始めているのも事実です。日本はこれまで培ってきた優れた技術力を、欧米各国はもとより、急速に成長を続けるＡＳＥＡＮ各国へと広げていくとともに、２０２０年の東京オリンピックに向けたインフラ整備、訪日観光需要の増加などを背景とした景気の底上げが急務となっているのです。

## ■ASEANにおける日本の存在

このように不安定な状態が続く日本市場の中で苦労する各企業にとって、ASEANは今、最も魅力的、かつ熱いマーケットとして注目を集めています。実際、2015年末の調査でASEANに進出している日本企業は、製造業を中心に判明しているだけでも1万1328社。その数は今後も確実に増えていくといわれています。タイ、インドネシアなど東南アジア10か国で構成され、日本の約12倍の面積を持つASEAN。年々、人口が減り続ける日本とは正反対に、2015年現在、約6・3億人といわれる人口は、今後も増加を続け、2030年には約7・2億人、2050年には約7・8億人に達すると見込まれています。また、年齢別人口構成を見ると、15歳以上65歳未満のいわゆる「生産者人口」の割合が極めて高いことも大きな特徴のひとつです。

ASEANは将来を見通しても大きなポテンシャルを持った非常に有望なマーケットであるといえます。また、2015年末には加盟国10か国により「ASEAN経済共同体」

が発足。ASEAN域内におけるヒト・モノ・カネの自由化が促進されたことも、各企業のASEAN進出への追い風となっています。

ASEANに進出している日本企業を業種別にみると、製造業が4925社（構成比43・5％）となり最多、2位は卸売業の2825社（同24・9％）となり、両業種が全体の約7割を占めている（2016年5月帝国データバンク調査）。その背景には、タイやベトナム、インドネシア、ミャンマーなどの相対的に安価な土地・建物と人件費があります。

また、社会風土的にも親日的な国が多く、2014年のASEANの自動車生産に占める日本車（委託生産を含む）の割合は9割を超えるなど、日系製造業の工場設立が活発に行われてきました。

例えば、トヨタはアジアを「第二の母国」と位置づけ、1960年代からASEANでの輸出と現地生産を推進。また、2004年にスタートした新興国をターゲットとした「IMVプロジェクト」では、タイをグローバル供給拠点と設定し、現地調達率を引き上げるとともに、通貨安を活かして輸出体制の整備にも力を入れてきました。その結果、2004年8月にタイで生産開始となった※IMVシリーズの販売数は予想以上に伸

※IMV（Innovative International Multi-purpose Vehicle）
2002年に発表された新興国市場をターゲットにしたトヨタ自動車の世界戦略車プロジェクト

び、トヨタのアジア地域での連結販売台数は3年で3倍に伸び、その後のタイ新工場建設、インドネシアでの生産能力増強など、ASEANへの進出をさらに推進しています。

ASEAN先発国では、近年、富裕層・中間層の拡大に伴って、自動車や大型家電製品などの耐久消費財をはじめ、消費者物価指数が急増。これまでは生産地として注目されてきましたが、今後はさらに消費市場としての注目度も高くなると予想されています。それは、日本企業はもちろん、欧米・中国・韓国企業にとっても同じことです。

今後、ますますASEAN域内での競争が激化することは確実な情勢であり、自社製品の魅力、品質を消費者に伝えていくための「ブランド力」、そしてさまざまなニーズに応える「多様性」を持つ製品・サービスの開発・提供が求められています。

## ■日本の経営者が共通して抱える悩み

成長著しいASEAN各国にビジネスチャンスを求め、近年では大企業だけでなく、これまで海外進出に縁がなかった中小企業の進出件数も増えていると言います。これまでは進出する企業の業種・業態も製造業や卸売業が中心でしたが、今ではIT関連や化粧品、飲食、各種サービスなど多岐にわたっています。しかし、企業のＡＳＥＡＮ進出は、そのすべてが成功しているわけではありません。一度進出を果たした企業がさまざまな問題に直面して撤退するケースも少なくないのが現状です。

では、なぜ失敗してしまうのか。その理由は人材の確保・育成の難しさ、先進国や地域の突然の制度変更などさまざま。しかし、まずは海外進出を決断した「動機」を考えてみましょう。

成長著しいアジア市場に魅力と可能性を感じ、そこで積極的にチャレンジしたいと感じたのか、それとも国内市場での生き残りに限界を感じ、「仕方なく」海外に進出することを決断したのか――同じ海外進出でも経営者のマインドが消極的、後ろ向きの姿勢ではビジネスを成功させることはやはり難しいでしょう。

また海外で成功を収めるためには、やはり進出する国やその企業に大きな期待、関心を寄せて、自らが積極的に現地で変わろうとする姿勢が求められています。

このほか、それぞれの国には固有の「仕事のやり方」があり、いくら国内市場で優れた業績を上げている企業であっても、海外では成功するとは限らないのも事実です。特に日本企業は自分たちのやり方が正しいと誇りに思い、海外でもその手法に固執してしまう傾向があるといわれています。

しかし、その日本的な「やり方」が通用するのは、日本の社会的・経済的な環境があってこそです。海外で同じようにうまくいくケースはほとんどありません。日本のやり方、日本の商品を現地に「どう届けるか」ばかりを考えるのではなく、まずは現地の消費文化や商習慣を調べ、日本との違いをしっかりと理解しておくことが必要なのです。

## ■国内の経営者・従業員が抱える問題

経営とは本来どういうことなのか、という問いに対して明確な回答を持たずに経営をしている経営者がおられます。事業で儲けることに対する誤解から、ひたすら目の前の金銭稼ぎに走ってしまうこともあるようです。その中での経営者・従業員が結果的に抱える問題について考えてみましょう。

「儲ける」ことは、すばらしいことです。しかし、経営者として胸を張ってそのことを社員に紐解くことが出来ていないことがあります。又、経営者自身が理解していても、社員に説明をしていないこともあります。

その説明とは、「儲けることとは、信じる者、つまりファン客を沢山創造し続けることで、儲け続けるという意味であり、素晴らしいこと」。

このことは、単純そうなことですが経営の原点であり、大変重要なことです。ファン客を創造するためには、お客様（ファン客）に満足の提供をし続けることが必須です。つまり、お客様（市場）へのお役立ちをし続けてこそ業績を上げ続けることが出来るといった原理原則を紐解き、それを徹底して実践することが、組織そして人としての使命と言えるのです。

これまで、ここに目を向けなくても何とかやってこられた経営者は、相変わらず目先の業績だけに奔走する傾向があります。お客さまへの貢献ではなく、自分・自社の目先の業績を優先していても、業績が上がっている状態があれば、ついお客様を軽視した判断をしてしまうのです。お客様のニーズを見るのではなく、自社の開発をするというのもお客様軽視の結果でしょう。しかし、これでは無駄な経営活動（開発・生産・販売等）に陥ってしまい、市場から信頼されることもなく業績向上から遠ざかるばかりです。

このようなお客様軽視の経営は、日常の営業活動に於いても、様々な状況が予測されます。例えば、営業現場でお客様軽視の判断で指導されている社員は、目の前の業績数字を上げるために、押し込み同然の強引な営業活動をして市場から反感を買い、結果見放されるということになるのです。

## ■現代が抱えている「心の病」

### 従業員の病

ビジネス社会にコンピュータが必須の世の中ですが、その中でも年配者の人達にとっては、その操作がうまく出来ないで拒絶反応を起こすことが増えているようです。また、経済活動の国際化が進むにつれて、海外とのやり取りが多くなり、言葉の壁も感じながら時差に関係なく取り組まざるをえない環境になってきています。その結果、常に睡眠不足などで体調も崩しやすくなり、心にまでストレスといった形で現れてきているのです。

中高年になると、仕事の責任も重くなり、家庭でも、住居・子供の教育等々、家庭のことも含めて様々な問題を抱えて生活しているのが日常です。

### 経営者の病

安岡正篤の心に残る言葉の中に経営者がかかる5つの病気というのがあります。

それは次の５つです。

１）甘え　　他人の好意を当てにする。

２）うぬぼれ　　実際以上に自分が優れていると思い込んで得意になる。

３）おごり　　思い上がり。　他人と比べて自分が特別な存在と思う。

４）慢心　　おごり高ぶる。　自慢する気持ち。

５）マンネリ　　惰性。　新鮮さや独創性がなくなること。

特に、業績がそこそこになり、周囲からチヤホヤされる扱いを受けるとこのような病気になってしまいがちです。

しかし、経営者がこのような病気に掛かってしまうと、自社内の従業員に対してだけでなく、対お客様や取引先との間でも、この病気による影響が出てきてしまい経営そのものがおかしくなってしまうのです。その例として次のことが挙げられます。

## ■過去から抜け出せない、化石化した上司

よくあるケースですが、本社の営業本部が全体の数値目標を決めて、その達成度合いを、数字だけを見て各営業拠点に対して叱咤激励をする。そのように、拠点を任された人が、上から数字を挙げるように日々追求され責められる中で、自拠点の部下に対して、自身がされている強要を「何をしてでも取って来い」といった形で同じように実践する傾向に陥っているのです。自分がそのような指導（強要）をされてきているために当たり前として繰り返され、そのような強要しか手段が浮かばないといった、上が下に指示命令をして人を動かすことだけで業績を上げさせるといったマネジメントに陥っているのです。従って、お客様に対しても、とにかく買ってくれといった、お客様を軽視した活動を繰り返してしまっているのです。まさに、お客様そして従業員に対して前述の５つの病気が影響しているのです。

最近では、このやり方では業績に結びつくのが難しいと感じているトップ・上司が多くなってきていると思われます。しかし、目先の業績のためにメンバーに対して「とにかく業績をあげろ」と圧力をかけて、その場を乗り切ろうとしていることが、まだ実態としてあるようです。

※業績とは、数字だけでなく企業組織が存続発展していくために必要なあらゆる成果の

ことを指しています。

## ■月間押し込み経営と、モラルハラスメントの問題

前項の強要の奥には、お客様に対するある考え方が強く根付いているのです。要するに、「お客様・市場を物と思っているか？　人と考えているか？」によって大きく違ってくるのです。〝物と思っている〟とは、客を自分の業績を上げるための道具（＝もの）の一つとしてしか見ずに、売りつけることで客がどうなろうが後は関係無い、といった相手に対して無責任極まった人間性に欠けたことになってしまうのです。（そのつもりはなくても、結果的には、非人間的行動になるのです）

例えば、お客様が、まだ思案中にもかかわらずに、自社の月間目標達成のために無理やりに今月中の決断を迫り、受注につなげようとする担当・指導者がいます。そのような行為は、お客様によっては、押し売りにもなれば、熱心な担当にもなるのです。営業担当者も熱心に勧めることが、営業であると自分に言い聞かせて営業活動に取り組んでいるために、押してうまくいけば、これこそ「営業」だとそのやり方に確信を持ち、そのやり方を

繰り返し続けるのです。また、うまくいかない時には、お客様のことを「分からない相手」と見捨てて、別の訪問先を目指そうとするのです。

営業がこのようなことを繰り返していると、お客様心理として「身勝手そうな営業・会社」といった烙印を押してしまいます。そして、単なる押し付けで収まらず、ハラスメントにまで発展してしまいます。

ハラスメントは相手（お客様）の捉え方次第で決定されるため、注意が必要です。現代社会に於いてはハラスメントがマスコミ等でもよく問題になっていて、取り上げられるとその対応に莫大な費用が掛かっています。

ハラスメントを許さない社会の中で、市場に対しての自社・自分都合の活動は常にリスクを伴っていると言えます。最終的には、お客様が遠ざかってしまいビジネスとしての成功は不可能となるのです。これらも、経営者が掛かる5つの病からきているものです。

## ■お客様は、賢者である

〝お客様は人間である〟と考えるということは、お客様が、自身の不便・快適・抱えている問題解決のために必要なものは何かを考え、慎重に分別・選択することが出来る賢者である〝といった考え方です。この考え方に立つと、自社・自分の言いたいことを中心にするのではなく、お客様のニーズを最優先して確認をすると同時に、そのニーズの表面的な現象や言葉だけを拾い集めるのではなく、何故そのようにしたいのか？ 何故そのように思っているのか？ とその一言の奥にあるお客様の考えを聴くことで、今までお客様が考えていたことの整理をするようになります。

また、お客様の中で潜在している問題まで推察を含めて創出することにつながるのです。会社としても、今後の開発に繋がるケースも考えられます。顕在化しているお客様ニーズに潜在していたお客様ニーズを加えたものを問題として取り上げると、そのお客様にとっては、今まで気づいていなかったレベルのこととして、満足以上の感動の状態になるのです。さらに、それらを解決するために何が必要かを考え、自社の強みでお客様ニーズの解決策を提案することで、お客様に感動していただけるのです。

つまり、お客様の喜び・ご満足を通じて、その結果自社のビジネスが成り立つといった姿勢で、お客様（市場）との接点をもつことであり、これこそ人間社会から支持され続け、ビジネスとしての成功に近づいていける道と言えるのです。

## ■色々な事件が起きている

過重労働・違法労働によって社員を使い潰し、次々と離職に追い込む、いわゆる「ブラック企業」の問題が消えることがありません。

**事例その1 「和民」問題**

ワタミグループの居酒屋「和民」で起きた過労自殺の遺族が、ワタミや創業者で当時、代表取締役だった渡辺美樹氏らを訴えていましたが、その後東京地裁で和解しました。渡辺氏らは法的責任（安全配慮義務違反など）を認め謝罪し、1億3千万円超を連帯して支払うことになりました。若者を酷使する「ブラック企業」批判にさらされたワタミの責任を問う裁判は、当時の働く場が抱える問題を浮き彫りにしました。

訴えていたのは、娘Mさん（当時26歳）を過労自殺で失ったGさん（67歳）と妻のYさん（61歳）。Mさんは2008年4月、ワタミ子会社のワタミフードサービスに入社し、神奈川県横須賀市内の店に配属された。同年6月に社宅近くで自殺。月141時間の残業があったとして2012年2月に労働災害に認定された。

遺族は、渡辺氏の経営理念が過酷な長時間労働を強いるワタミの体制をつくったとして、渡辺氏個人の責任を追及。裁判で渡辺氏は「道義的責任はあるが、法的責任はない」と争う姿勢を示していた。和解で渡辺氏は「自らの経営理念が過重労働を強いた」「最も重大な損害賠償責任がある」と認めました。

渡辺氏以外で個人の責任を認めたのは、当時のワタミ子会社代表取締役とワタミの人事部統括本部長。ワタミ側は、労働時間を正確に記録することなどの過重労働対策にも同意。これらの内容をワタミと渡辺氏のホームページに1年間掲載する。

和解内容には、▽研修会への参加や課題リポート作成に必要だった時間を労働時間と認めて残業代を支払う▽給与から天引きしていた書籍代や服代を返金する――などの内容も盛り込まれました。

Mさんと同時期の新入社員にも、未払い残業代として1人につき2万4714円（2008~2012年度入社、約800人分）、天引き分として1人につき2万4675円（2008~2015年度入社、約1千人分）を支払う。

**事例その2　「肥後銀行」問題**

肥後銀行（熊本市）の行員だった男性（当時40歳）の過労自殺をめぐり、過労死を防ぐ体制づくりを怠り銀行に損害を与えたとして、男性の妻（46歳）が7日、当時の取締役11人を相手取り、銀行に約2億6千万円を賠償するよう求める株主代表訴訟を熊本地裁に起こしました。

男性は２０１２年10月に本店から飛び降りて死亡しました。妻ら遺族は同行を相手取り、損害賠償などを求め熊本地裁に提訴。２０１４年10月の判決は、銀行が注意義務を怠り行き過ぎた長時間労働をさせたことなどを認め、同行は慰謝料など1億２８８６万円を支払いました。

同行株主である妻は訴状で、当時の会長や頭取ら取締役は行員の労働時間を把握する必要があり、心身の健康に関わる長時間労働であれば直ちに是正すべきだったと指摘。会長らは労働時間管理の体制づくりを怠ったと主張しました。

妻は7日に記者会見し、損害賠償を求めた訴訟で銀行側の証人尋問がなかったことに触れ、「一緒に働いていた人の話を聞きたい。話をしてもらうにはこの方法しかないと思った」と説明。「同じ思いをする人がいなくなるならうれしい」と訴えた。

## ■「まともさ」が求められる

人として、組織として　社会から支持され続けるために必要な当たり前の心＝　真・善・美の言葉を意味しています。

知性（認識能力）、意志（実践能力）、感性（審美眼）のそれぞれに応ずる超越的対象です。このうち、知性の対象を真とし、意志の対象を善として併置することは西欧古代、中世の哲学的伝統でした。

ギリシャでは美と善とは合わせて、「美にして善なるもの」という合成語となり自然的、社会的、倫理的な卓越性を指す言葉でした。しかし、真善美の三者が併置されるようになったのは、おそらく近代になってからのことで、直接にはカント哲学の影響によるものであると考えられています。

ビジネスの原点が、この「真善美」にない限りその成功はありません。何故なら、社会から支持されない限り企業組織の存続はあり得ないからです。つまり、社会から支持されるためには、当たり前な心（まともさ）こそが、ビジネス成功の種と言えるのです。

## ■道徳＝モラルを重視する

道徳とは、「人々が善悪をわきまえて正しい行為をなすために、守り従わねばならない規範の総体。外面的・物理的強制を伴う法律と異なり、自発的に正しい行為へと促す内面的原理として働く」（goo辞書参照）ということであり、その道徳上の正邪善悪を適切に判別し、社会に対して正や善に基づいて行動しようとする意識となります。

つまり〝道徳意識〟というものが大変重要であり、それが、まともな言動の判断基準となるのです。道徳というものが、世の中に存在しているということは、そうでないことが世の常であることの裏返しでもあるのです。

人間には、当然欲がありその欲によって人間社会を成長発展させるといった使命を果たしていると言えます。しかし、逆にその欲によって人間社会の成長発展を阻害することもあるというのが現実です。つまり人間社会の成長発展に繋がるプラスの欲とマイナスに働く欲があるのです。

本来の人間としての使命を果たすためには、人間の持つ欲の存在を認め、その上でプラスの欲を強く意識して、マイナスの欲を打ち消すことが重要なのです。その時に指針になるのが、道徳＝モラルなのです。

## ■経営における「まともさ」の例

では、企業はどのような場面で「まともさ」を求められるのでしょうか。その代表的なものとして、提供している製品やサービスに不具合や不手際があったときというのが挙げられると思います。製品に不具合あった、間違えた案内をしたなど、企業側の「ミス」により、お客様に損害を与えてしまう――決してあってはならないことですが、万が一、そのような事例が起きた時にどうするか、そういった「リスクマネジメント」がきちんとできるか否かで、企業に対する社会的評価は大きく変わってきます。

例えば、2005年に発覚した松下電器産業（現：パナソニック）製造のＦＦ式石油ファンヒーターの欠陥問題。この年、1980年から1992年までの8年間に製造された製品を使用していた顧客が相次いで一酸化炭素中毒で死亡、入院する事故が発生。松下電器は、原因をバーナーに外気を送るゴムホースが劣化し、亀裂することで不完全燃焼を起こしたためと突き止め、2005年4月にゴムホースを銅製のホースに交換するリコールを告知しました。しかし同じ年の11月、この修理を受けていなかった対象製品を使ったユーザーによる、同様の事故が発生。経済産業省は松下電器に対し、消費生活用製品安全法第82条の規程に基づき、該当する製品について回収または点検および改修、危険性の周知等必要な措置をとるべき旨の緊急命令を発動したのです。

その後、松下電器は事故の再発防止、早期の信頼回復のため、テレビ、ラジオで製品の回収を呼びかけるＣＭを放送。さらに社員を全国へと派遣し、購入者宅を訪問しては製品の回収・修理をお願いするローラー作戦も行ったといいます。「最後の1台まで探し出す」との想いで始まったこの取り組みは、社名が変わった今も受け継がれ、この事故対策にかかった費用は３００億円以上ともいわれています。

起きてしまった事故の内容、そして初動の対応に痛烈な批判も浴びせられましたが、その後、真摯に事故を受け止め、全社を挙げて取り組んできた姿勢は、事故を受け「二度と松下電器の製品は買わない」と頑なだった消費者の心を動かし、負の象徴でもあった製品回収をお願いするＣＭも、現パナソニックの「お客様第一」の姿勢を知らしめるものとなっていったのです。

前述にもあるように、まともな経営が問われる時代の中で、誰が見ても聞いてもその経営姿勢が理解できるのは、その組織の経営理念です。理念には、その組織の存在意義が表現されていて、人間社会から支持され続けることで、存続し更に存在意義を高めていく想いが込められています。つまり、〝まともな姿勢〟を表現したものが、経営理念なのです。

## ■人徳と社徳は、会社を繁栄させる

人徳と言っても解釈の仕方は様々だと思います。ここで言う人徳は次の３つを指します。

① 他人を認め、他人の良いところを見ている
② 私心を優先しない
③ 懐が大きく、振れない信念を感じさせる

従って、周りの人たちから信じ頼られることを意味しています。論語に「君子は義に喩り、小人は利に喩る」とありますが、これは 行動に際して義を優先させるのが立派な人、利を優先させるのはつまらぬ人ということです。つまり、自分の利益を追い求めるのは恥

ずかしいことで、常に相手のことを考えるべきである、と言っているのです。相手の立場に立って、相手が良くなることを優先する人こそ、大人であって、周りの人からの信頼も当然厚くなるのです。

このような、人徳ある人こそ、市場・お客様から最も求められていると言えるのではないでしょうか。そして、この人徳ある人が沢山存在している集団が、社徳ある集団であり、社会から求められているのです。

この徳を極めることが自身の最大のテーマとして取り組んでおられたのが、松下幸之助氏であります。それだけ人徳とは人間として目指すべきことであり、難しいことでもあると言えますが、そのことを意識して日々取り組むことで、経営者として人間として成功をされたと言えるのではないでしょうか。

企業組織がステークホルダーから絶大なる信頼を得ている状態は、まさに徳を持っている状態であり、その状態を目指すことが、企業経営における王道であり、どのような時代・どのような環境に於いても、揺るがない必須のテーマなのです。

## ■フィンテックとグローバルビジネス

「フィンテック」Fintech（フィンテック、FinTech、Financial technology）とは、情報技術（ＩＴ）を駆使して金融サービスを生み出したり、見直したりする動きのことです。

従来から金融業界ではＩＣＴ技術を活用されていた中、２０１０年代以降、フィンテックとして注目が高まる理由は、インターネット関連技術等により従来の大手金融機関が独占していた業務を個人や新興金融企業が可能になったことにより業界秩序並びに社会構造が変化する兆候が語られるからなのです。

フィンテック（FinTech）とは、金融（Finance）と情報技術（Technology）を合わせたアメリカ発の造語で、「金融と情報技術の融合によるオープンな技術革新（企業）」のことをいいます。アメリカでは、２００８年のリーマンショック、そしてスマートフォンやクラウドコンピュータの拡大を背景に金融システム全体を情報技術によって変えていこうとする動きが活発化し、２０１４年以降、フィンテック関連企業への投資家やファンドからの資金も集中するようなり、メディアの注目するところとなりました。

フィンテック先進国でもあるアメリカでは、既存の不便なサービスやしくみにメスを入れ、ユーザーに便利な革新的なサービスが次々に誕生しています。簡略化した手続きと独自の審査システムで、驚きのスピードでの融資を可能にした「OnDeck」や、タクシーの予約から料金検索、支払いまでが完結できる「UberX」など、アメリカ国内はもちろん、世界にまで広がったサービスも多数あります。

これまで金融機関の営業時間によって、即確認が難しかった送金や決済、面倒な融資の手続きもよりスピーディーに簡単に行うことができるため、このシステムを活用すれば、国内はもとより海外までもビジネスチャンスが広がる可能性もあります。

特に金融機関の窓口やATMなどのシステム整備が遅れているASEAN地域などでは、ワンクリックで申し込みや送金といったサービスが利用できるフィンテックは、従来の金融市場や制度を大きく変える存在になるともいわれています。

また、アジア地域の環境問題解決や、医師不足を解消するために医学生の学費を募るクラウドファンディングがリリースされるなど、フィンテックのサービスが新興国のライフラインや生活水準の向上につながる可能性もあるのです。

話題となりつつも、まだまだフィンテックが浸透しているとは言い難い日本。世界の〝スピード感〟に乗り遅れないためにも、さらなる導入、環境整備が求められています。

## ■情報化の中で、再評価される「道徳観」

送金や決済などの金融取引を簡素化・スピード化し、新たなビジネスチャンスを生み出す可能性もある「フィンテック」。今後、さらなる発展が期待される分野ではありますが、その反面、フィンテックの浸透によるデメリットも考えられます。

その一つが、情報管理の対策です。大量な情報が生み出され、蓄積され、運用されるフィンテック事業は、言い換えれば万が一サイバーテロが起きたら、個人や企業の情報がすべて流失するなどの大惨事に発展する可能性もあります。

そのため、サービスを管理する側は、情報機器やネットワークを活用し、情報・データを管理、活用する能力、いわゆる情報リテラシーを身に付け、対面で顧客と対峙する従来の金融業務以上に社会からの信頼性向上に努める必要があります。

また、決済も送金も買い物もすべてネット上で完結できるフィンテックは、便利な反面、その事業が「本当に安全で、信頼できるサービスかどうか」を見極める目を養う必要もあります。２０１４年2月には、仮装通貨ビットコインの取引所「マウントゴックス」が破たんし、顧客が保有するビットコインが消失。また２０１５年には香港のビットコイン取引所「マイコイン」が閉鎖し、４６０億円相当のコインが失われたという事件もありました。しかも、マイコインは高い利益が得られるというネズミ講のような勧誘で購入を勧めていたことも判明。

私たち利用者側も、サービスの安全性とリスクについての正確な情報を身に付けるなど、サービスの特性を理解し、目的に応じた選択、判断する能力を持たなくてなりません。

儒学の教えでは、仁…相手を思いやる心、やさしさ、義…道徳・倫理を持った行い、礼…人を敬う気持ち、礼儀、智…善悪を正しく判断する力を持つ、信…信頼する心、誠実な心、この5つを「人として守るべき、進むべき道筋（＝五常の精神）」として説いています。どんなに情報社会が進み、すべてのサービスがネット上で完結する時が来ても、顧客（利用者）への思いやりや道徳心なき企業やサービスが長く受け入れられることはないでしょう。

## 〈コラム：人徳と社徳で成長し続ける企業の例〉

大阪を中心に40店舗以上の「お菓子のデパートよしや」を経営する株式会社吉寿屋。年間3億8000万円という菓子専門店としては日本一の売り上げを誇り、創業以来、一度も赤字に転じたことはないという。

この〝お菓子の王国〟を一代で築いた創業者・神吉武司氏と、その弟で仕入れを担当する会長の神吉秀次氏のモットーは「誰よりも朝早く出社する」こと。社員やパートが出社するより前に店に入り、二人で500個もの段ボールを開け、さらには朝の6時から役職者会議も行う。朝、頭がすっきりしているときに仕事を行うことで、業務が速く回り、効率的なのだとか。

また経営者として何よりも大切にしているのが「働く人を幸せに」という想いなのです。その信条のもとさまざまな制度を導入し、高い実績を上げた社員には500万円もの報奨金を与え、時には時価5000万円相当の金の延べ棒1キロを社員間で行われるあみだくじの景品として提供しているという。

吉寿屋では、利益の半分を税金、その残りを3等分し、その一つ利益全体の6分の1をボーナスとは別に社員に還元している。「そもそも利益はほとんど社員が儲けたお金。利益を会社のお金と思うか、社員のお金と思うかの違いです」と話す武司氏。創業からリストラも給与削減も一度もないという。

また吉寿屋は業界の常識を破り、お菓子の廃棄を減らすため全量買い取りを導入。これまで返品された商品は廃棄するしかなく、各メーカーにとって大きな負担となっていました。しかし、吉寿屋では「お菓子は最後までお菓子として生かしてあげたい」と、売れ残って古くなったものは半額にしてでもきっちりと売り切ります。

商品と従業員に対して常に愛情と感謝の心を持ち、誰よりも多く働く姿勢に従業員も取引先も惹かれ、それが高い実績にもつながっているのです。

**〈コラム：フィンテックとは〉**

しかし、海外でのフィンテック事業の盛り上がりに比べ、日本はなかなかフィンテックが浸透せず、いわば「フィンテック後進国」であるともいわれています。日本が諸外国に比べフィンテックに遅れている原因はどこにあるのか、考えていきましょう。

日本が「フィンテック後進国」となっている要因として、まず日本ではフィンテック関連事業への投資金額がごく小さなものにとどまっていることが挙げられます。フィンテック関連企業への投資が最も盛んなアメリカでは、2015年に120億ドル以上もの投資が行われていたのに対し、同じ年の日本の投資額は、1億ドルにも満たない0・65億ドル。同じアジア圏の中国やインドに比べても投資金額の増加率は著しく低いのが現状です。

その背景には、日本の金融機関は信頼性・安全性が高く、優秀であるという点が挙げられます。ATM網の充実、安全な決済システム、異なる金融機関でもリアルタイムに送金が可能…など、日本の金融機関は海外と比べて、すでに極めて優秀なシステムが構築されています。

また日本は立ち上げたばかりで実績が乏しいスタートアップ企業を受け入れる土壌が整備されておらず、既存事業と同じ指標・同じ尺度で判断しようとしがちです。さらに、インターネット経由の金融サービスに抵抗を感じる人の割合が高いこともあって、なかなかサービスが浸透していかないのが現状です。

しかし2016年になって、日本銀行や経済産業省、金融庁が相次いでフィンテックに関する専門機関や検討会を立ち上げ、フィンテックの課題や活用方法を模索する動きが活発化してきました。また、銀行とフィンテック関連企業の提携を可能とする銀行法の改正案が閣議決定されるなど、今後、金融とIT技術の融合が一気に加速する可能性も秘めています。

このような、情報社会において 前述にもあるように企業において道徳観の必要が再評価されている中で、それを本来反映したものが企業理念です。そこで、改めて理念について触れておきたいと思います。

# 第2章

# 理念経営

## ■理念とは

理念とは、経営の最高概念であり、全ての求心力になるものです。

組織は、多種多様な個性の人の集まりです。その目的は、個性を持った人が集まってお互いに協力し合い、共通の目標を達成するためです。

企業組織では、社会貢献といった使命を果たすための共通目標達成に向かって知恵を出し合い、相乗効果を出すことが、求められるのです。そのすべてで最高の概念として存在するのが、理念であり、その理念は全体の求心力になるものなのです。

## ■長寿企業と理念の関係

日本には、創業200年を超える企業が3146社あり、世界41カ国5586社の56%に相当します。つまり日本は、世界有数の長寿企業大国なのです。そこには、共通した事実があります。

| 経営価値の四原則 |
| --- |
| **①競争性**<br>企業間で競争することで、切磋琢磨で大いに成長する |
| **②効率性**<br>競争で優位に立つためには、事業プロセスだけでなく管理プロセスの効率も改革して「ゆとり」に繋げる |
| **③人間性**<br>「ゆとり」が、相手を認めそこにある可能性に着目して育み、チームワークを育てる |
| **④社会性**<br>社会と共に成長し、社会に貢献し社会に支えられる企業となる |

1）世代から世代へと引き継がれる経営トップの確固たる事業精神である〝理念〟

2）理念を浸透させるための、固有の教育体系

最古の企業が、大阪にある西暦578年創業した「金剛組」です。創業は、聖徳太子に命じられ四天王寺を造ったのが始めで、それ以来1450年近く確固たる理念で経営がなされてきたわけですが、一貫していた理念の真髄としては、人間としての正しいあり方（人間性）と常に市場・お客様（社会性）のために伝統を重んじつつ、新しい技術を追求（効率性）し成長（競争性）することがあります。

前ページの図にある①②でも、成長期には通用していましたが、今まともさが求められる中で③④が伴わないと、市場から相手にされない時代になっているのです。
具体的には、理念経営の必要を通じて確認したいと思います。

## ■理念経営実践の必要

今、経営の四原理を本来含んだ経営の実践が求められています。戦後間もなくの55年体制から1990年のバブル崩壊までの成長時代の日本は、事業規模の拡大を命題として、競争に如何にして勝ち抜くかで事業展開をしてきました。従って、掲げた高い数値目標に対して、勢いに任せて突っ走ることも多い状況でした。しかし、それは往々にして法令遵守を後回しにしたり、多忙を理由に人権を軽く見たりして、その結果多くの公害問題や粉飾決算、贈収賄などの社会的な事件を起こしたという事実がありました。

これらは、競争性と効率性だけを追い求めた企業経営であり、企業倫理として企業はもっと人間性や社会性を重視した経営にシフトしなければならなかったのです。新しい物やサービスを作れば売れた、成長経済の中では、効率性・競争性だけに着目して、一生懸命取り組んでいれば、業績結果も出ていました。

しかし、ある程度物やサービスが行きわたった成熟経済下では、本来の人間社会の一員であることの自覚や行動、そして社会から支持され続けることなくして、存在そのものが危うくなるということに、真剣に向き合うことを強く認識する必要があるのです。その社会とは、当然企業を構成している従業員が含まれています。従業員に支持される企業は、より良い品質に繋がり、その提供で、より良い社外（お客様・取引先等）との関係性が構築できるといった素晴らしい経営に繋がるのです。

要するに、経営価値四原理の社会性・人間性に着目した経営が必要とされているのです。人を尊重した経営の一例として、取り上げてみたいと思います。

## ■「人を基軸に置いた理念経営」

「一人一人の成長の総和が企業発展の基盤」。このような、理念を掲げている企業がある時に、そこに所属する人達が、それをどのように受け取り解釈するかが重要なことです。

## （1）成長とは、何を意味する

「皆さんは人生に成功したいですか？　それともしたくないですか？」と問われた時にどう答えるか。多くの人達は「出来れば成功したい」と答えるのが当然ながら、本音でしょう。では、「成功とは？」「どういうこと？」と問われるとそれぞれの考えがあり、様々な答えが返ってくることが予想されます。しかし、改めて問われると考えてしまいます。お金持ちになること？　有名になれば成功？　等々。そのような人でもはたして人生の成功と言い切れるのか？

逆に、お金持ちでも　有名になっても　そこに充実感や達成感、生き甲斐というものが伴っているとは言い切れないのが現実です。

「成長なくして、幸せ無し」

この言葉があるように、人は人生において自身の可能性に挑戦して、その達成に於いて充実感・満足感・大きな喜びがあるのではないでしょうか。

## （2）一人ひとりの可能性

人は誰でも可能性を持っている。それは、一人ひとり顔が違うように、人それぞれのものです。そして、その自分の可能性を信じて、それに向かっている人は、そのプロセスにおいて達成感と出会い、結果充実した人生を歩むことが出来て、周りから見ても美しく、成功者と言えるのではないでしょうか。

**(3) 成功は、周りが決めるものではなく、本人が感じること**

成功者と言っても、誰がそうであるか、そうでないかを決めるのかを考えた時に、その答えは、当事者本人にしかないのです。周りの人が、あなたは成功者だといくら決め付けても、それを本人がどう受け止めているか？　次第なのです。

**(4) 本人が、充実した人生だと感じ続けていること**

瞬間的に、或いは一時的に充実していてもトータルでは充実していないこともあるでしょう。その場合、充実した人生とは言えません。何故なら、人生とは、生存している間すべてのことだからです。つまり、充実感を持ち続けていることなのです。

**(5) 充実感の元は、成長実感**

成長実感とは、〝昨日迄出来なかったことが、今日できるようになる〟といった自分の可能性に出会うことで感じることです。そこに達成感・充実感が生まれるのです。「未知の可能性に出会う喜びを感じ続けている人」が人生の成功者と言えるのではないでしょうか。

そのような人達が沢山いて、それを総和すると　企業の発展に繋がり、その発展の中には、多くの成功者が存在するのです。

## ■名経営者の共通点

日本では、新設の法人が毎年数万社誕生していますが、10年後には約5％しか存在していないと言われています。

しかし、日本には創業100年を超える企業が、2万7000社あり、200年以上の企業も3146社存在しています。世界の5586社（41ヶ国）の56％を占める長寿企業大国であるという事実があるのですが、そこには　共通点がありました。

## ■フィロソフィーの活用があってこそのアメーバ経営

そこで、思い出されるのが、〝経営の神様〟と呼ばれる人達ですが、昭和の代表としては、松下幸之助氏・稲盛和夫氏・本田宗一郎氏が挙げられるでしょう。

その中で、稲盛和夫氏にスポットを当てて考えてみたいと思います。名経営者として誰もが認める方ですが、その功績としては、京セラを１９５９年に創業し、１９８４年にはＫＤＤＩ創業、そして２０１０年には日本航空の再建に着手して、２０１２年９月には、東京証券取引所で再上場を果たしました。

稲盛氏の真髄は、「アメーバ経営」と「フィロソフィー」です。アメーバ経営は、小集団部門別採算で、評価の判断基準は「利益」で統一し、その利益を出すためには、各部門別に一人ひとりの創意工夫が必要とされるものです。

しかし、各部門間での取引においては、お互いに採算を良くしようとすると、そのまま関連するアメーバの採算が悪くなるリスクも伴います。だからこそ、人間として何が正しいのかを判断基準とするフィロソフィーが求められるのです。

利益を適切に追求しながら、利害で対立する他のアメーバのことも自分事のように考える事で、無駄な衝突は防げます。小集団部門別採算の仕組みとフィロソフィーの活用で健全な利益が創られるのです。

具体的には、「稲盛経営12か条」「六つの精進」を筆頭にさまざまな言葉でまとめられていますが、それらすべての根底には、「人間として、正しいことを正しいまま追求する」と言った考えがあります。

**稲盛経営12か条**

①事業の目的、意義を明確にする／②具体的な目標を立てる／③強烈な願望を心に抱く／④誰にも負けない努力をする／⑤売上を最大限に伸ばし、経費を最小限に抑える／⑥値決めは経営／⑦経営は強い意志で決まる／⑧燃える闘魂／⑨勇気をもって事にあたる／⑩常に創造的な仕事をする／⑪思いやりの心で誠実に／⑫常に明るく前向きに、夢と希望を抱いて素直な心で

**六つの精進**

①誰にも負けない努力をする／②謙虚にして驕らず／③反省のある毎日を送る／④生き

ていることに感謝する／⑤善行、利他行を積む／⑥感性的な悩みをしない

## 宇宙観・人間観がベース

経営者の掲げるフィロソフィー（哲学）は、そのまま経営理念を指すことが一般的には多く、人間としての本性・使命をテーマとする人間観や、そこに意志があり、生成進化するといった宇宙観を背景としているのです。

さらに、そこには、前述した通り、成長というキーワードがあり、その成長を続けるためには、〝人間の能力は無限〟であることが前提にあるのです。従って、経営としては、社員一人ひとりの能力を如何に発揮させるかに注力し、その一人ひとりが成長の喜びを感じ続けることができる環境をつくることで、人間社会の生成進化に永続的に繋げることができ、寄与し続けられるのです。そして、理念に対して社員一人ひとりがいかにして理解し、実践するかに重点が置かれ、それを実現されているのです。まさに人間そのものを基軸に置いた理念経営の実践なのです。これらは、稲盛和夫氏・松下幸之助氏お二人に共通した点です。

参考：稲盛和夫 OFFICIAL SITE より抜粋
http://www.kyocera.co.jp/inamori/management/twelve.html

## ■理念経営で成功するには？

### 大目標の設定

理念を背景として期限を決めて目指すことを決めることです。つまり、明確な大目標である「ビジョン」をもつことです。ビジョンを持つと何が違う

①　生き方がそこに集中できて
②　能力が相乗的に磨かれ
③　出来ない自分から出来る自分へ
④　成長が実感できる

つまり未知の可能性に出会うことが出来る。成長する自分に出会える喜びを　感じ続けられるのです。

## ビジョン設定に於ける重要な考え方

前述の「可能性に出会う。成長する」と言っても、それは無理と考えると難しくなります。大事なことは、皆成長したい。そして、周りに役に立つことで周りからも認められ、そこに喜びを感じ、生きがいを感じたいものだと信じることです。

（A・マズローの欲求5段階説の自我の欲求）

一人ひとりが、人としての当然持っている欲求の存在を〝認め〟信じることです。

その上で、

## 人に対する考え方を性善説に置く

人の可能性を信じ　会社・組織を運営するからこそ自らの未知の可能性、つまり自ら立てた明確な目標の達成に向かって「自発的」に考え、行動出来るのです。

つまり、「有言実行」をし続けることになるのです。しかし、人生には色んな事が起きます。

そのようなときに　何が必要か？

## 心の持ち方を前向きに、飽くことなく成長を追い求める

難しいことに直面した時に「この困難も自分の成長のために問われているのだ」と考えるとどうでしょう。すべてに感謝し、意欲の持続に繋がり、更なる「未知の可能性＝自己成長」に出会えるのではないでしょうか。

**挑戦するチャンスにあふれる会社を目指す**

成長を願って、より多くのチャンスを提供することが大切です。前向きな失敗も大いに結構。すべて成長のチャンスであり、絶え間なく一人一人が「未知の可能性＝自己成長」に出会えるのです。

厳しいと思えることも　すべてチャンスです。それらの成長する力が　企業発展の原動力にもなるのです。

## ■これからの時代に特に求めていきたいこと

**「個人と会社の帰属の絆を大切にする」**

一人ひとりが、この会社で共に働き続けたいといった、魅力ある会社にしていくためにも〝絆〟というものを大切にするのです。

自由は、英語でFREE。その語源は、PRII（自分の属するもの）すなわち、「帰属するところがあって、初めて本当の自由がある」を意味するのです。（ダイキン工業株式会社の考え参照）

**「企業と個人は対等に選択しあう立場で、互いに選択し合う関係でありたい」といった考えを持つ**

会社は、会社の想いを社員に示し、個人は、その会社の想い（理念・ビジョン）に賛同・共感する関係性を維持することが大切です。

そして、①会社は、その理念に沿って可能性にチャレンジするチャンスを与え② 社員はその可能性（成長）に出会う喜びを感じ続けることで、③魅力ある会社づくりを自ら創造していくことになり、そこに、「強い絆と帰属意識」が強化されるのです。

**一人ひとりの多様な力『出る杭』を活かす**

そのためにも「多様な人材を活かし、その相乗効果を持って健全な社会・企業を維持していく」と言ったダイバーシティマネジメントの考えを重要視します。

量的競争から、他社との差別性・独自性を打ち出し、それを伸ばすことで企業価値を高める「質的競争」へと変化してきています。その中で、多様な人材から出てくる個々の違った発想を戦略的に活かすことが大切になってきているのです。

そのためにも「個々人が持てる才能は違って当たり前であり、自分と他者に対してお互いにそれを認め合い、協調する」と言った考えで、持てる力を結集することが重要になるのです。

**「目標の共有化」「自己責任の貫徹」「For the Teamの徹底」でチームワークを高める**

チーム目標を個人目標として、何を・いつまでに・どのレベルまでするかを、お互いに共有し合うことで、そのチームの目標達成のために、個々人の自己の責任が明確に認識され、その達成に向けての協調・連携＝チームワークが強化されるのです。

**「フラット＆スピードの経営」の具現化と高度化を図る**

納得性とスピードを両立させた経営を意味します。そのためにも①他人事・評論家的立場ではなく、当事者として高い参画意識を持つこと②自らの専門性を他に負けないくらいに高めること③自分の意見を口にすること。そうすることで、自分が納得出来てスピードも速くなるのです。

**求める社員像**

①会社の大志に高い共感を持ち仕事への強い参画意識を持てる人②弛まぬ向上心を持ち続け、自ら成長しようと努力し続ける人③〝誰にも負けない得意分野〟を持ち、進んで未知の領域へ挑戦し、変革する周りの人と自分。

つまり、組織の可能性を認め、一人ひとりが協調性をもって、その可能性にチャレンジし続けることに賛同出来る人です。(ダイキングループ理念　参照)

## ■グローバル企業としての成功事例を紹介

ここから、グローバル企業の成功事例を3社紹介したいと思います。

**《重光産業（味千ラーメン）》**

熊本県に本社を置く重光産業は、日本国内に約90店舗の熊本ラーメン店「味千ラーメン」を展開している。日本国内ではあまり知名度が高いとは言えないが、海外に２０１５年４月現在約７００店舗を構え、海外展開数で日本のトップに君臨しています。

特に出店数が多いのが中国圏で、その数は４００店以上。もともと中国のラーメンは薄味で、ダシにこだわる文化は根付いていませんでしたが、そんな中で豚骨をじっくりと煮込んだこってりスープ、まさに「日本と変わらない味」を提供しようと品質管理を徹底。中国に食品工場を7拠点構え、日本と同様の品質を保つための厳しい管理体制を導入しました。そうして生み出された独自のスープの味は、現地の人々にも受け入れられ、高い人気を集めたのです。

その一方で「一度に多くの料理を並べる」という現地の食文化に対応するため、寿司や焼き鳥、エビフライなどサイドメニューを充実。同じメニューだけでは飽きられてしまうため、人気に応じて品揃えをこまめに入れ替える、また現地ならではの食材を使った「日本にはないメニュー」などの開発にも力を入れています。

日本でのやり方をそのまま導入するのではなく、その地の文化や人々の嗜好に合わせ「変えるところは変える、守るべきところは守る」というローカライズ（ある特定の国を対象に作られたものを、別の国でも利用できるようにすること）を徹底したことが成功へと導いた事例といえます。

## 《ヤクルト》

「ヤクルト」や「ジョア」といった、おなじみの乳酸菌飲料で知られるヤクルト株式会社。1964年の台湾ヤクルトでの販売からスタートした国際事業は、年々拡大を広げ、今では営業利益の半分以上、130億円を海外で稼ぐほどの成長を遂げています。

ヤクルトが特に強いのが、中南米のメキシコやブラジル、アジア諸国といった新興国、いわゆるBOP市場（「Bottom Of Pyramid」の略で、経済的に社会の底辺にいる人達、つまり貧困層）。通常、海外進出というとアメリカやヨーロッパなどの先進国への進出をめざすものですが、ヤクルトはあえて台湾を皮切りにブラジル、香港、タイ、韓国といった新興国への進出を選択。

そこには、先進国は市場規模が大きい一方で、現地メーカーが強固なブランド力で市場を支配している可能性が高いため、そういった勢力が固まっていない地域に活路を見出そうとした企業戦略がありました。

また、ヤクルトでは日本国内と同様に、海外でもヤクルトレディによる地道な訪問販売の手法を導入。商品の効能を丁寧に伝えながら直接店舗や消費者に届けるその手法は、大型量販店よりも個人商店が大きな役割を果たす新興国にこそ溶け込みやすい、有効な手法だったのです。

自分たちの〝強み〟をしっかりと理解し、その強みを最大限に活かせる市場を見極める。そして現地ヤクルトレディの育成によって、その商品の購入が消費者の〝定番〟となるような文化づくりにも取り組んだことが、ヤクルトが海外で成長を果たした大きな要因だといえます。

**《アシックス》**

神戸市に本社を置く競技用シューズを中心とした大手総合スポーツ用品メーカー。特にマラソン、バレーボール競技などで高いブランド力を持ち、国内売上高トップに君臨する一方で、近年は海外への展開にも力を入れ、２０１５年には海外売上比率76％を達成。グローバル企業として大きな飛躍を遂げています。

アシックスの成功の要因は2つ。まずは自社の「強み」を知り、ジャンルごとにグローバルに勝つ、いわば他社との「差別化」に徹底してこだわったことが挙げられます。

アシックスはもともとアスリート向けのシューズの開発・販売で高いシェアを誇っています。そこで、レディースのランニングシューズ、レスリング、ラグビーなど競技ごとのシューズのトップをめざすといった、カテゴリまたは国ごとに目標を定め、自社の得意な領域で攻める戦略を展開。その結果、スペインやフランスでのテニスシューズシェア1位、レスリングでアメリカ1位などの実績を上げています。

また、もう一つの要因が採用や人材育成を本社で統括せず、現地法人に任せていることも大きいといわれています。本社が統括しているのは世界全体におけるブランドの方向性、立ち位置を明確にすることのみ。採用したスタッフの能力を潰さないよう、あえて現地のトップに日本人を送ることもありません。

販売やマーケティングを主体とするビジネスでは、その地で生まれ、生活する現地の人の方が絶対的に長けており、日本人が現地で学び、試行錯誤するよりうまくいくはず。だから「求められる役割を果たせる人であれば、国籍は一切問わない」。その選択が飛躍を生んだのです。

国内市場の縮小によって、海外市場への進出をめざす日本企業が増えています。しかし、自国でのやり方、手法をそのまま持ちこみ、それを浸透させるのは至難の業となります。まずは自社の「強み」を知り、それを活かせる市場がどこにあるのかを見極めること、そして現地の文化や嗜好を知り、それに合わせる柔軟性が求められます。

自社の理念や海外進出への想いなど「守るべきもの」はしっかりと守り、変えるべきところは変える、その姿勢が重要なのです。

# 第3章

# 経営における、不変の成功法則とは?

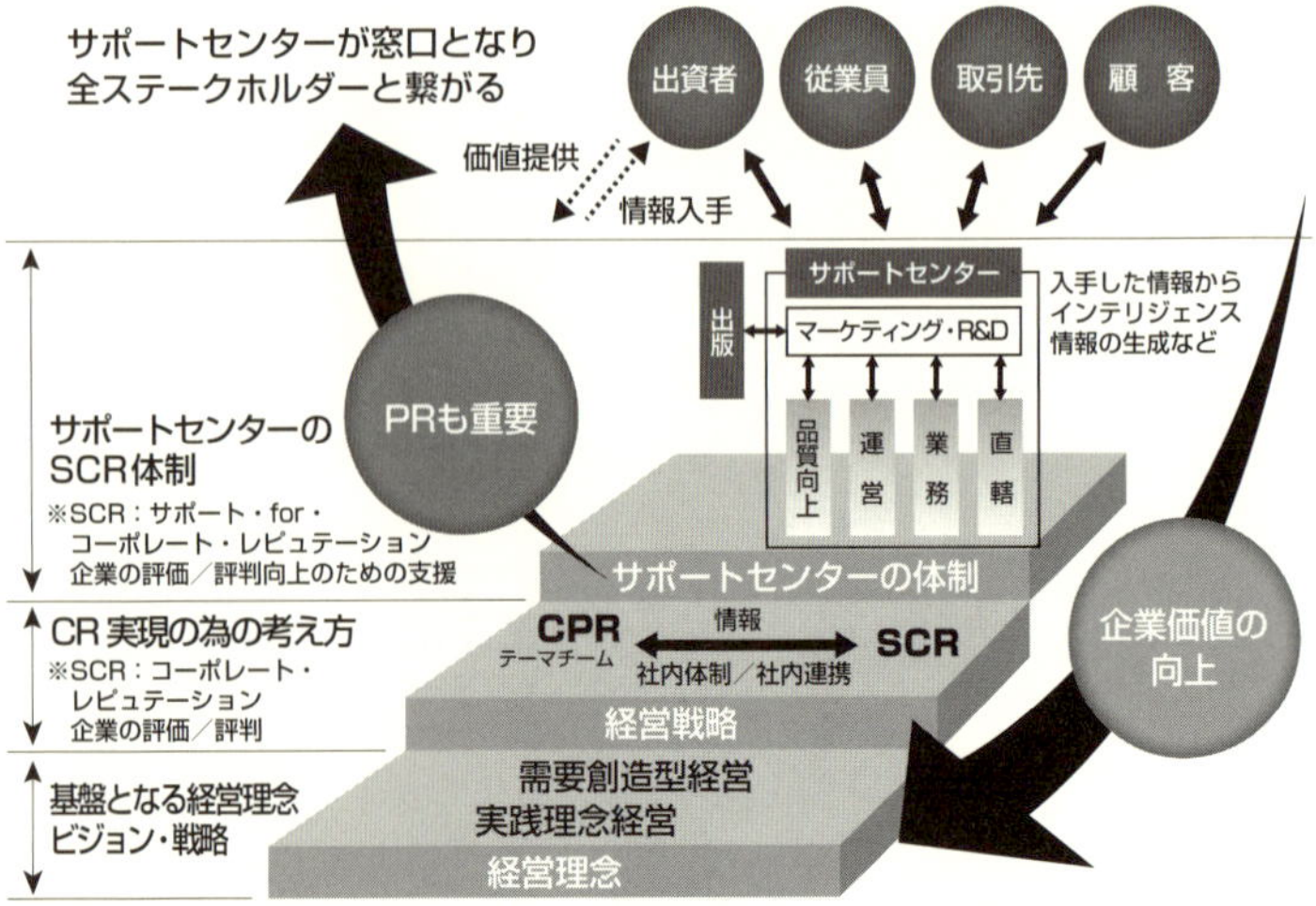


## ■SCRとは

全ステークホルダーに対して信頼を前提に支援することで信頼を得、全ステークホルダーから支援されるといった〝信頼と支援〟の考え方です。

## ■実践理念経営とSCRの関係

効率性・競争性・社会性・人間性、これら四原理を含んだ理念を実践することが自社の業績向上に繋がり、全ステークホルダーに対して、支援を通じて信頼を得ることができ、その信頼から支援を受けることに繋がります（信頼と支援）。そのことが、より効率的であり、競争性（切磋琢磨）を高めることとなり、さらに社会から支持され、組織として、人間としても認められることになるのです。

グローバル視点での情報の受発信から、今後の潮流を読み（先が読みにくい時代だからこそ必要）、情報と情報をコネクトして智慧（インテリジェンス）情報として創造する。そこから、さらに需要創造の種発見に繋げることが重要なのです。その為にも、市場との関わりからの情報をプールし、それを活用する〝情報活用型組織体制〟が重要になってきます。

## ■組織活用で需要の創造

個人では、どうしても偏った思考になる恐れがあります。そこで必要なのが、組織力を活かしたシナジー効果です。

人それぞれ知識・経験・思考プロセス・判断基準等違うのが当然です。その違いをお互いに尊重して活かす方向で進めてゆくことが、需要創造に繋がるのです。

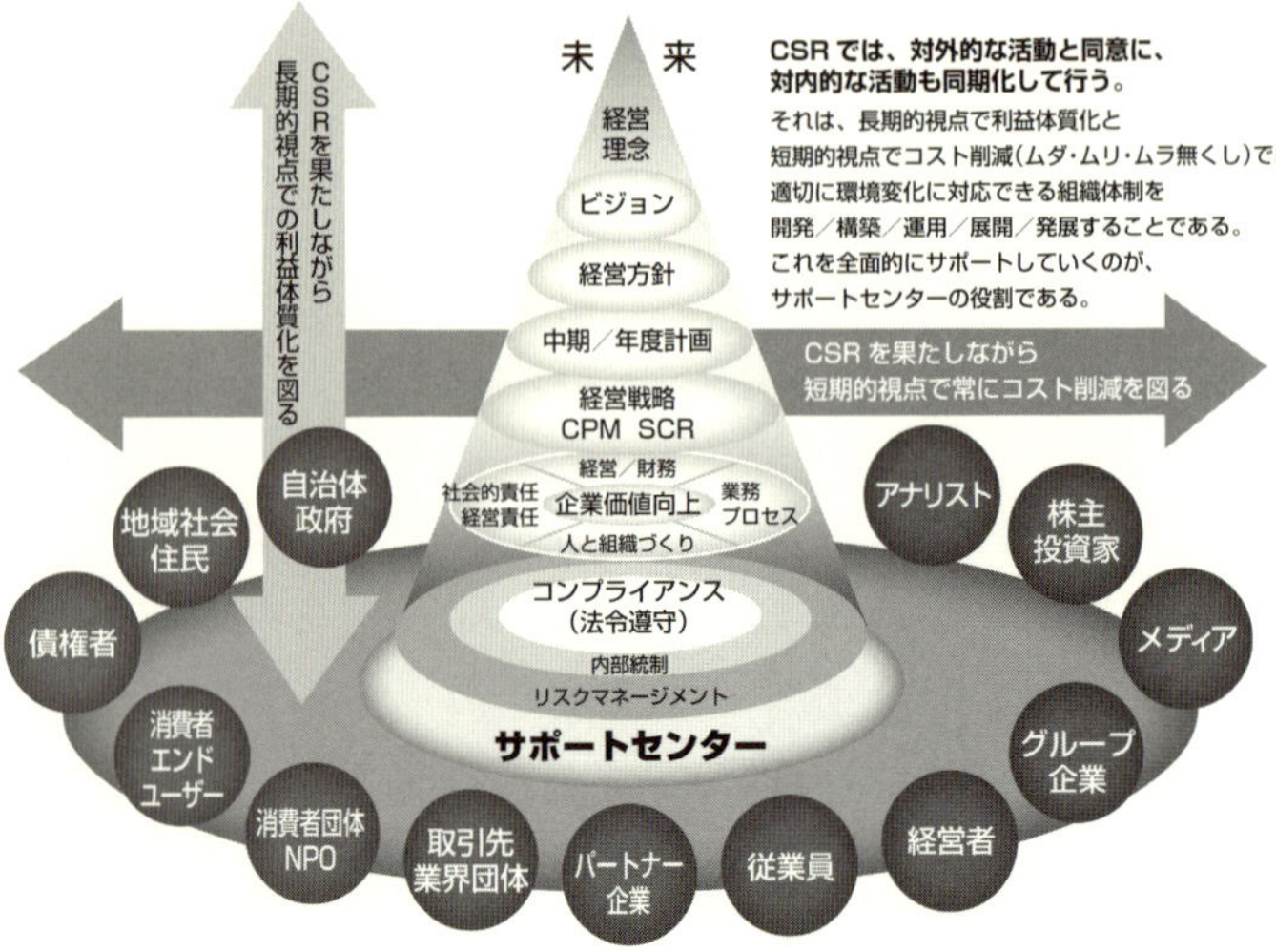


## ■「お役立ち」を「お客様と共創する」かけがえのない喜び

お客様は、自社の繁栄を望んでいます。それはお客様がその先のお客様から選ばれ続けることです。その最大のお役立ちをお客様の良きパートナーとしてお客様と共に創造することです。

具体的には、そのベースとして必要な考え方は「お客様の繁栄があってこそ、自社の繁栄がある」ということです。この考え方を基に、お客様が繁栄するために、お客様がその先のお客様から選ばれ続ける状況になるためには、お客様の先のお客様が何を求めているのか？　また、今後求められるだろうか？（仮説も含めて）を、お客様と共に、さらにはお客様以上に考え、創造をして企画提案をしていくことなのです。

この考え方に立たないと、常にライバル他社とほとんど代わり映えのしない一般論の提案止まりになり、挙句の果てには単なる価格競争に陥るのです。このような状態になると、お客様ご自身も正しい判断に基づく決断に至らなくなってしまうのです。

## ■その神髄は、リスペクト

具体的人間社会における必要な考え方は、いくつかありますが、その中でも、最も重要で真髄の位置づけにあるのは、自分以外の人・物をリスペクト（尊敬の念をもつ）することです。

何故なら、リスペクトしてこそ社会の事象・そのことを起こしている人等、あらゆることに対して、受け止めることが出来て、そこには余計な恨み・妬み・嫉妬などからくる争い・禍等が起こらないのです。

それどころか、社会に周りとの共同を試みようとし、そこに共に繁栄をすることを通じて、地球社会に役に立とうとする心をもつことが出来るのです。

## ■SCR体制のあるべき姿の設計～業務の枠組みについて

**業務の目標（結果）**

今、私たちは世界ブランドとして、世界に羽ばたく存在になろうとしています。これから世界で羽ばたくには「揺ぎ無い企業価値」を全ステークホルダーに提供し続けなくてはいけません。ここでの企業価値とは、我われが評価して決めるものではありません。評価し、決定するのは、全ステークホルダー（利害関係者集団）、すなわち企業内部の構成員のほか、株主や経営者、従業員、そして外部構成員です。消費者、取引先、債権者、地域社会、政府によって決定されるのです。

また、世界ブランドとして通用するには、全ステークホルダーから高く評価され、支持され続ける必要があります。そして、企業体であり続けるための、サポート体制が重要となります

私が以前から注目しているのが「ＳＣＲ(support for corporate reputation)体制」

です。意訳すると「全ステークホルダーから評価（評判）される為のサポート体制」となります。企業を取り巻く環境と市場の変化が激しい今日『いつ・誰が・どのような関係や状態で』私たちと関わりを持ち、評価する対象になるのか分からない現状があります。

だからこそ、企業価値を高める為のサポートを行うには、現在と将来の予測情報（マーケティング）を常に行い、それを基に企業を取り巻く様々なステークホルダーから支持される持続可能な競争優位を確保（イノベーション）することが、企業の体制を整える上で重要なのです。

## 企業評価とは

CR「企業の評価（評判）」とは、長い年月をかけて築きあげる必要がある無形（インタンジブル）の経営資源を意味します。一方で、情報化・ネットワーク化の進展に伴い、企業の評価（評判）は簡単に崩壊してしまう危険性も合わせ持っています。

典型的な例としては、昨今の事故や不祥事に起因した企業の失墜があります。そこには多くの利害関係者が発言し、かつ連鎖するようになっていること及びインターネットの浸透により情報伝達の環境が大きく変化していること、という2つの要素が含まれています。

これまでは、多くの企業は消費者、取引先、地域住民、従業員等という利害関係者を各々別個に考え、個別的に対応してきたのではないでしょうか。また、消費者に対しては店舗窓口、取引先に対しては営業部、地域住民に対しては総務部、従業員に対しては人事部がそれぞれ担当するというように…。しかし、不祥事が生じた場合の情報は、取引先から消費者、地域住民、従業員へと次々に繋がり、それぞれの発言が「悪い評価（評判）」を生んだ場合には、これが最終的に企業価値に致命的な打撃を与えることが多くあります。

そして、利害関係者間の連鎖には、先述の情報化・ネットワーク化の進展が後押しをしています。ブログやＳＮＳを利用したネット空間での口コミ効果の拡大は、利害関係者と企業間、及び利害関係者間のコミュニケーション環境を激変させ、特に利害関係者に対する情報の伝達、発言の場の提供及び発言の迅速な拡散といった評価（評判）形成の諸要素を助長していると言えます。

もちろん「悪い評価（評判）」ばかりではありません。利害関係者と良好な関係を構築した結果生じる「良い評価（評判）」は、他社との差別化を図る無形の経営資源ともなり得ます。企業の評価（評判）を企業価値創造のドライバーとして最も重要な経営資源の一つと位置付けている企業もあります。

このように一朝一夕で築けず、かつ高い評価（評判）を維持していくことは至難の業ですが、経営資源としての企業評価（評判）は、企業の競争優位を確保する上で、極めて重要だと言えます。

## 企業評価を向上させる企業価値とは

企業評価（評判）向上のためには、様々なステークホルダーとの接点におけるコミュニケーションの高度化が必要となります。かくして、内部統制の仕組みの再構築と併せ、社内コミュニケーションを徹底的に見直すと同時に、それを機能化させるための取り組みと仕組み（システム）が、必要となってきます。

## 主な対外的コミュニケーションの例

内部統制システムとは、企業が潜在するリスクを認識し、それに対処するための社内諸制度を構築・運用することによって、安全な企業体質を構築するものであり、最大の効果は利害関係者に対して「信頼」を与えることです。内部統制が優良な企業との評判が広がれば、様々な取引の面でも有利に進められることが期待され、副次的には企業の収益や社

■主な対外的コミュニケーションの例

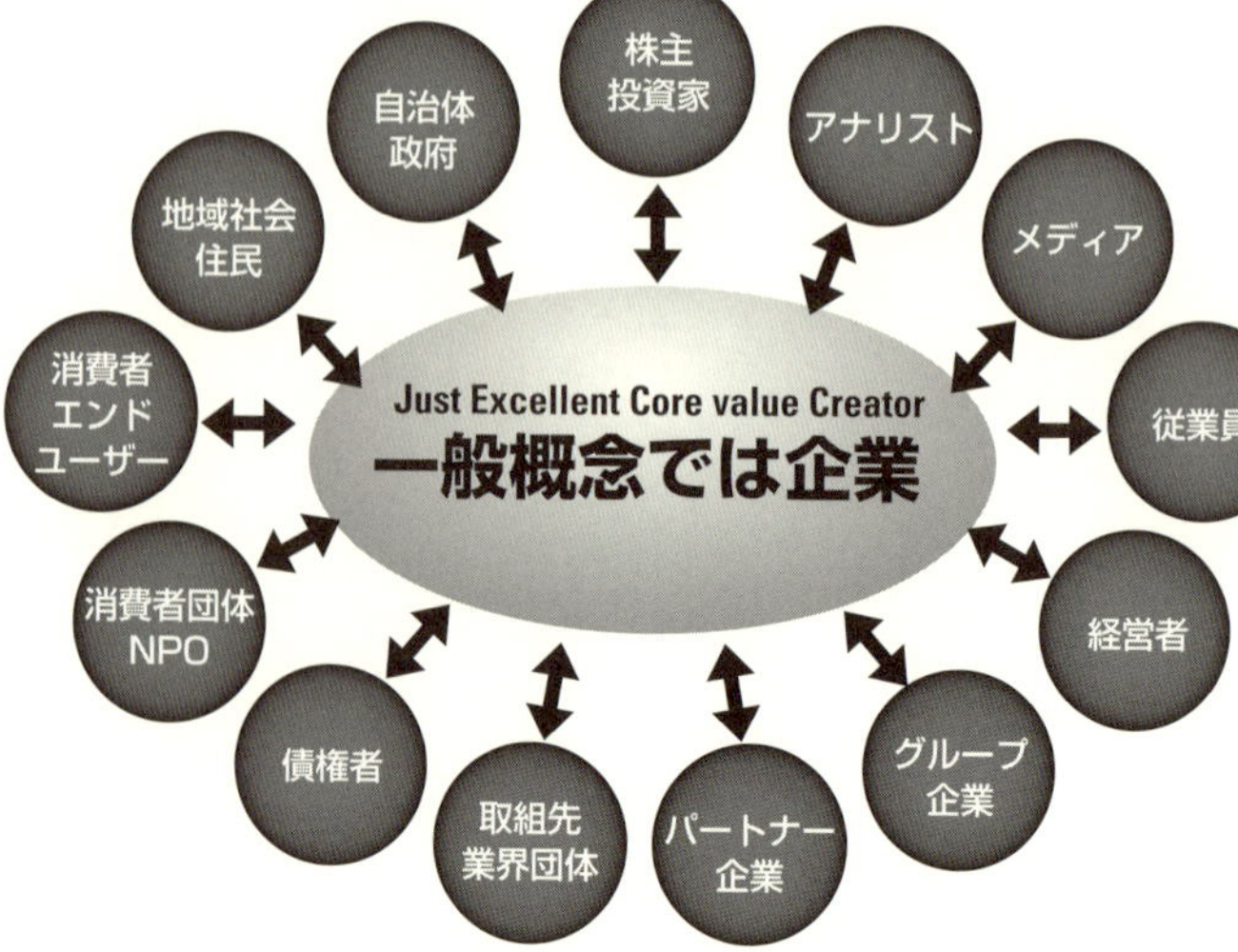


会的地位向上も望めます。これも企業の評価（評判）の形成に大きな影響を与えるものです。

**内部統制の仕組み整備による効果**

また、内部統制は、構成要素として「情報と伝達」という概念を含んでいます。すなわち『有効な』内部統制システムを構築するためには、必要な情報を識別・処理し、組織内外の関係者に適切に伝達することを確保しなければなりません。これはまさに企業の評価（評判）を形成する際に重要な観点と言えます。

従って、企業の評価と内部統制システムとは別個に考えるのではなく、非常に重要な同じ要素を含んだものとして、両者を関連付けて取り扱うことが効果的です。

また、経営者としても、多大な時間的・金銭的コストを要して構築した内部統制システムをより積極的に行い「企業に利益をもたらすためのシステムとして活用したい」と考えるのが当然だと言えます。

内部統制システムの構築にあたって必須となる社内制度、規程、ルールの再検討又は情報システムの整備にあたって、企業の評価の視点も意識して議論することは有効だと考えられます。

こうしたシステムを構築する手段として、業務プロセス改革はきわめて有効です。その理由は2つあります。1つは、２００５年7月に金融庁が主宰する企業会計審議会内部統制部会が、「財務報告に係る内部統制の評価および監査の基準」という草案を発表しています。その後、２００６年に証券取引法の改正という形で金融商品取引法が成立し、導入されているものです。

2つ目は、業務プロセス改革（Business process Re-engineering 以下ＢＰＲ）の特性についてです。ＢＰＲは、小手先の改善だけでは立て直せません。現状に対して、従来の業務のやり方や組織形態にとらわれず、抜本的に刷新することを狙いとしています。

抜本的な改革手法は組織よりも、顧客からみたプロセスを重視し、ゼロベースでの見直しをすることこそがＢＰＲの本質です。つまりＢＰＲとは、「コスト、品質、サービス、スピードのような重大で現代的なパフォーマンス基準を劇的に改善するため、ビジネス・プロセスを根本的に考え直し、抜本的にそれを再設計すること」（リエンジニアリング革命企業を根本から変える業務革新１９９３年11月M.Hammer、J.Champy）より抜粋。

企業における業務プロセス改革は目的、取り組み対象業務により、進め方は様々ですが、業務改革の対象業務範囲を決め、現状の経営・業務・システム課題に対し、施策を立案し、新業務を設計していくケースが多いです。

こういった業務改革を内部統制システムの構築と同時並行的に進める場合、内部統制の目的と業務改革の目的は、必ずしも一致するとは限らず、別体制で推進する事が望ましいです。

内部統制、業務改革それぞれの専門家を投入し、活動を推進するのがプロジェクト全体の統括、内部統制と業務改革の連携に重点をおき、慎重に進めていく事が極めて重要です。

具体的には、内部統制の評価対象拠点、業務プロセスと業務プロセス改革の対象拠点、対象業務範囲をできる限り一致させていく必要があります。これは、内部統制により、業務プロセスを評価した場合、結果として業務を変更する可能性が高い為、業務改革を合わせて実施する必要があるからです。

次に、業務プロセスのリスクに対するコントロール評価と欠陥の是正を行う場合、事前に業務改革の取り組みを行い、設計された新業務に対して、評価と欠陥の是正を行う事が望ましいです。これは、現状業務の課題を解決し得る業務プロセスに対し、評価と欠陥の是正を行う方がより効率的になるからです。

又、業務改革に伴い、システム整備を行う場合、新システムの設計を行った上で、そのシステムに対し、ＩＴ業務処理統制の観点から評価する必要があります。企業は内部統制導入に膨大な工数と、それに見合う費用を投入する事になります。それなりの工数と費用を投入するのであれば、単に内部統制の目的達成だけではなく、それをきっかけに自社の体質改善も行いたいと考えるケースは少なくないと予想されます。こういったケースは、取り組みの難易度が高くなる事を肝に銘じ、十分な体制構築を行うと共に、通常の内部統制導入に必要な期間以上のスケジュールと費用を見積り、取り組んでいく必要があります。

## 企業価値を向上させる企業価値創造とは

企業は、価値を創出する事により、その存在意義を見出す事ができます。しかし、存在するだけでは不十分です。例えば、価値を受け取る側から考えた場合、価値の受け取りが、不定形、不定期、不連続、不安定なら、現状の状態を維持する事が出来ません。

また、企業の内部環境で協働する人々にも、多大な影響が及ぼされます。そこで重要になるのが、価値を創出する企業の存続と発展です。企業は取り巻く外部環境の変化に対応したり、先取りをしたり、それ自体を創造したりしながら、存続や発展の意義を見出すのですが、重要な鍵は、innovation（イノベーション変革）に掛かっています。

今日では、企業の競争力につながるような社会性を取り込んだ、sustainable innovation（持続可能変革）を絶え間なく起こすことが、戦略的にも世界レベルで求められています。こうした流れにより、企業単体のみならず、ステークホルダーと共に企業も、存続や発展のため、好循環を続けていくことが可能となります。

ここでは、誰（Who）に対する、どの様な価値提供（What）を、どのようにして価値提供方法（How）を探索し、存続・発展のための好循環を続けていくのかということを、経済的側面と社会全体的側面から探求することが重要です。

これらの好循環は、意図的な計面を創発的な人間の行為によって実行・実現している協働体システムの行為であり、常に動的であるのなら、企業内部では、企業理念の浸透と価値観の共有、及び学習促進に有効であり、結果として社内における企業の評判・評価の向上に繋がり、それが発展すれば信頼関係の構築の基礎ともなり得ます。

外部に対しては、創出される新しい価値が、一方では企業の競争力に繋がり、他方では同時に社会的課題に貢献するものであれば、これも企業の評判・評価の向上となり、やがては信頼を築き、大きな企業価値になるのです。

この循環が継続的になされれば、それは企業価値を創造し続けられる組織として、企業は成長することでしょう。そのためには常に、社内外との高度なコミュニケーションとマーケティングを繰り返しながら、企業はその要請に応えるべくイノベーションを絶え間なくし続けることが重要です。

## CSR（企業の社会的責任）とCR（企業の評判・評価）とは

今日、相次ぐ企業不祥事の影響やグローバリゼーション化の進展等を受けて、企業に対する社会の要請が変化し、企業の社会的責任（ＣＳＲ）の範囲が拡大しています。従来の「企業の社会に対する責任」は、製品・サービスを通じて社会に経済的価値を提供する、納税を通じて利益を社会に還元する、メセナ・フィランソロピー活動を通じて社会に貢献するというものでした。

現在はこれらに加えて法令を遵守する、説明責任と情報開示を尽くす、顧客に誠実である人材を育成・支援する、環境保全を重視する、グローバル市場に的確に対応する、社会活動に積極的に関与する、このような社会や企業の持続的な発展に資する行動が認識されています。企業は、「社会」の一員、一部であり、社会との関係を無視して、企業は存続し得ません。しかし今日、このことが企業において自明の理として受け止められているのかを、疑わざるを得ない事象が数多く起こっています。

そこで、企業の基本命題をもう一度見据えながら、経営の原点に立ち戻る必要があります。企業を社会の公器として、その「社会責任」を広く「社会に対する責任」として捉える立場を取れば、企業経営に関わる全てのステークホルダーを視野に入れ、その時代の社会ニーズを踏まえて優先順位やバランスを決めることが、経営者の役割となります。

これは「社会的責任」を「主」、「経済的責任」を「従」とするのではなく、むしろ両者を包含するコンセプトとして「社会的責任」を認識し、両者を高い次元で調和させることによって、社会と企業の相乗発展を実現すべきという視点です。企業は、株主のために利潤を追求するだけの、無機質なマシーンとして捉えるべきではありません。企業は、生身の人間が、それぞれに固有の価値観を持ち、株主、顧客、従業員などの様々な立場で参画する場であり、それらの人々が相互に影響し合い、信頼を培う場です。

また、互いの多様な利害を交換・調整していく場でもあります。更に、企業と社会との関係は、相互的なものです。企業の存在意義や目的は、その時代の社会の価値観やニーズ、ステークホルダーの利害や意思などとの相互関係で、導き出されるものであり、時代や環境と共に変化します。同時に、企業と社会の関係は、企業が社会からの要請を受けるという、一方向の関係にあるのではなく、企業からの働き掛けによって、個人や社会の価値観にも影響を及ぼすという、双方向の関係として捉える必要があります。

こうしたCSR（企業の社会的責任）とCR（企業の評価）の関係性はどのようなものでしょうか。EUでは、欧州委員会が2002年にCSR（企業の社会的責任）の定義を発表し、その中で「企業の責任ある行動が持続可能なビジネスの成功につながる」点を強調しています。「企業の責任ある行動」とは、「ステークホルダーの立場から経済的価値だけでなく、社会、環境業績を高めることで、企業価値を増大させる活動」と理解すべきです。

また、「持続可能なビジネスの成功」とは、企業自らのコア・コンピタンスを明確に認識し、それを戦略、商品化し市場における主導権を確保しながら、さらに企業の価値、つまりCSR（企業の社会的責任）制度化し、他方でCR（コーポレトリピュテーション）を不断に高めながら、市民社会における企業として存在することです。

## ■全社方針とサポートセンターの方針そして組織体制について

企業内外の環境や市場の変化が激しい今日、企業の評価（評判）を高める仕組みが作られても、それがいつまで有効であるかは何とも言い難いです。つまり、変化に応じて対応できる柔軟性が必要になります。

そこで重要になるのが支援です。

## 自社分析の必要性とベストプラクティスのベンチマーキング

新しいアイデアの創造は、これまで存在しなかったものを新たに生み出すことです、というのが常識的な考えです。ある意味では無から有を創造することです。しかし、何もないところに忽然とアイデアが誕生することは、めったにありません。新しいアイデアは、すでに存在しているアイデアを組み合わせることで生じることが多いです。

あるいは、既存の概念を構成している要素を組み直すことによって生まれます。どんなに独創的に見えるものでも、殆どは従来からあるものの改良なのです。だから「模倣なくして創造なし」と言えます。換言すれば「過去に成功してきた方法は、何度でも使えるのです。

実は、変革やイノベーションも新しく変わるとは言うものの、シュンペーターによれば、イノベーションとは、新しい物を生産する、あいは既存の物を新しい方法で生産することを意味しています。イノベーションの根源となるのは、新結合という概念です。シュンペーターは、新結合には、①創造的活動による新製品の開発②新生産方法の導入③新マーケットの開拓④新たな資源の獲得⑤組織の改革という、5つの種類があると論じています。

その結果、経済の成長や発展の中心的な役割を果たすイノベーションには、絶えず組織の内部から、経済構造を変革していく活動を通じ、既存のものを破壊して新しいものを創造すること、即ち、創造的破壊を繰り返すことが不可欠だと述べています。

これまでの漠然としたアイデアと、模倣すべき企業の実体とを重ねて考えることにより、より明確な方向性が見えてくるでしょう。その手法としては、業務プロセス改革の手法です。ベストプラクティスと、自社とをベンチマーキング（比較）することで進めたいところです。

ベスト・プラクティスは「最善の実践方法」と訳され、従来は、それを他社に求めて参考とし、それと自社の現状との差（ギャップ）を無くす（埋める）べく改善（ベンチマーキングやビジネス・プロセス・リエンジニアリング）を行うという考え方が主でした。特定の分野で最高のパフォーマンスを上げている企業と自社との間で、プラクティス（実践）を比較・分析し、ベストなプラクティスの秘訣を積極的に吸収していくことであり、アメリカ企業の復活に大いに貢献したといわれています。コピー機市場のゼロックス社の復活、フォードのトーラス開発は、何れもベンチマーキングによるものです。ゼロックス社が創始者とされているベンチマークに対する関心は、ＧＥがベンチマーキングを積極的に実施し、高い成果を収めた事は有名です。ＧＥはワークアウトと並んで、変革活動の重要な柱としています。

ベスト・プラクティスを学ぶメリットは、素早く自社の動きを見直せる点にあります。

勿論、他社のビジネスを分析するには、時間や手間は掛かりますが、ゼロから新たな方法を摸索するのに比べれば、大幅に時間は短縮できます。加えて、自社だけではなかなか生まれることがありませんが、ベンチマークすることで、独創的な発想やアイデアを取り入れることが出来る点です。そして、自社の置かれている環境を考慮し、自社にマッチしたものにすることが望まれます。

より良いベストプラクティスを析出する為にも、ケース分析の対象先を選定することが重要です。選定先は、大規模組織、小規模組織、営利企業、非営利企業を問いません。つまり業界の内部、外部を問わず、ベスト・プラクティスを明確にすることが出来て、現在の自社との間にあるギャップに焦点を当てられるか否かを重視すべきです。

ベンチマーキングは、競争力の分析からはじまります。分析対象は、製品やサービスのアウトプットに止まらず、製品やサービスを生み出すオペレーションと経営のスキルまでに及びます。そのため、どのような業種であれ、自由に「同じ業務プロセスや経営スキルでの最高峰」を見つけ出せるかが重要になります。しかし、全プロセスをそのまま取り入れるのかと言えば、そうでもありません。

例えば、特定プロセスの詳細なベンチマーキングもあれば、企業の変革を促すツールにまで発展する場合もあります。ベンチマーキングとは、スタッフによる分析を、継続的な業績向上を目指すライン・プログラムの設計・再設計と上手くつなげる役割を果たします。換言すれば、その企業が目指すべきコア・コンピタンスとは何かを明らかにし、現状とのギャップを埋める為のサポート機能や横断的な組織メカニズムをどう動かし働かせるのかを示すことです。

更には、企業の業績やパフォーマンスを指標化することにより、自社の位置づけを再認識し、業績やパフォーマンス向上のために、何を、どこまで、どのように改善するかの材料を得ることができます。

従来から広く行われている売上げ、利益、生産性等の財務指標の企業間格差が、プロセスの「結果」ですという単純な比較に対して、企業改革や新規ビジネス創出の為のベンチマーキングは、結果に至るプロセスの「質」、例えば、顧客満足度や顧客へのデリバリータイム等を指標化するところに特徴があります。

ベンチマーキングの意義は、次の3つに集約できます。

① 自社の相対的な位置づけの把握、競争相手の製品、サービス、顧客への対応能力、及

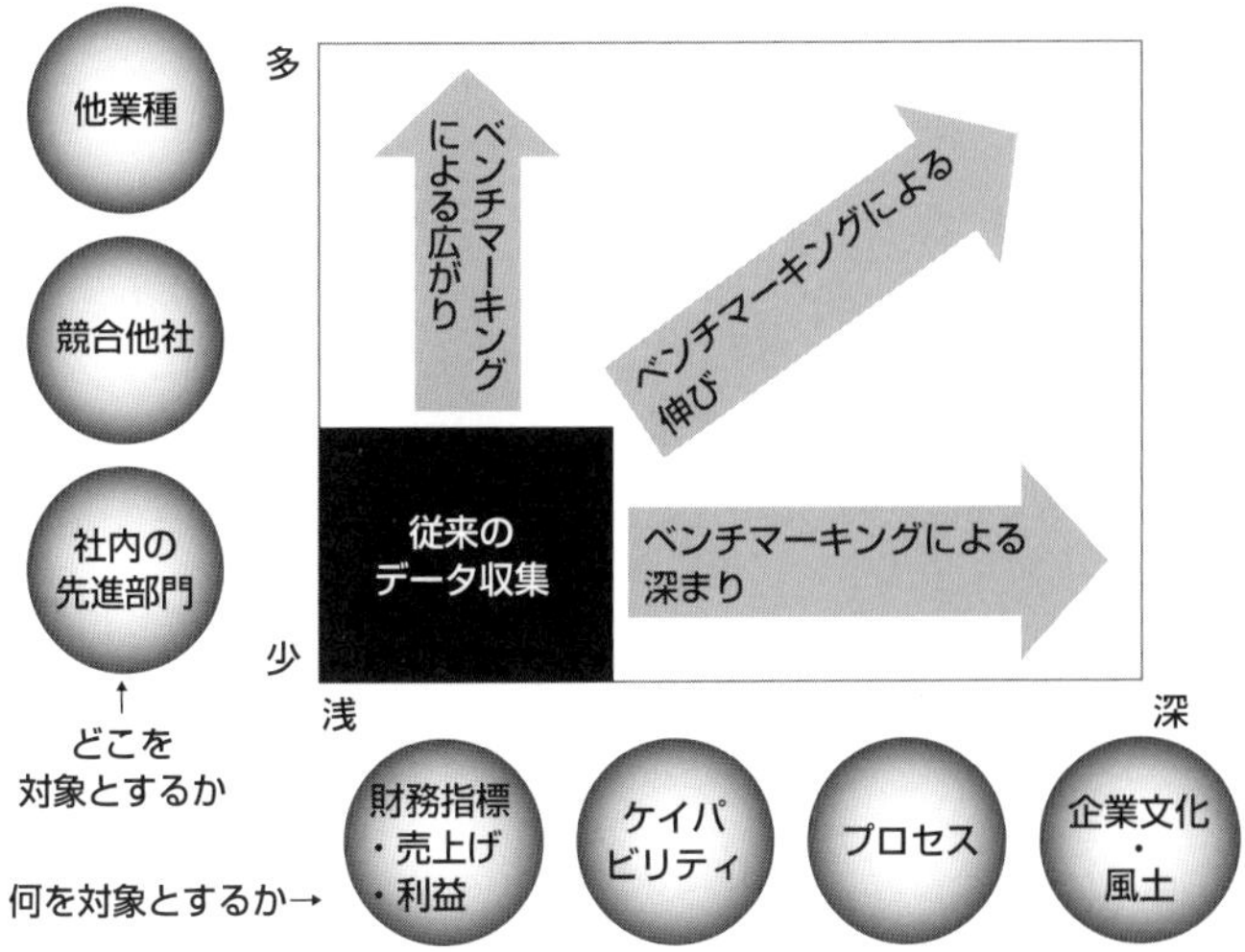


びコスト競争力が、自社と比較してどの程度のものなのかを理解せずに、企業の目的・目標を定めても、無意味な事に終わる可能性が高い。

これらのケイパビリティ（組織的能力）の諸要素を定量的に相対比較して、自社のポジショニングを把握することが出発点です。

② アイデア発掘の手段：優れたパフォーマンスを示す企業はどの様な企業群かを明らかにする事によって、これからの方向性に関する重要な手掛かりを得ることが出来るのです。

③　組織の納得性の醸成：企業変革の必要性や方向性は認識されているものの、実際は実行に移せない場合が往々にしてある。しかし、ベンチマーキングにより、他企業における高業績等の実例と、自社の実態を目の当たりにしたり、そのギャップを埋めるべく方策を知る事により、組織内の納得性酸成を加速できる可能性が出てくるのです。

## ■世界標準を目指したサポートセンターのあるべき姿の構築に向けて

### CSR分析

様々な不祥事が起こる中、企業のあり方や企業の果たすべき役割が、これまで以上に問われるようになっています。もとより、昔から企業が何らかの問題を起こした場合には、厳しく責任が問われてきましたが、現在の特徴は、その責任がCSR（Corporate Social Responsibility）という言葉で言い表されているという点にあります。

CSRは2003年頃から急速にブームとなり、今や毎日のように様々なマスメディアで取り上げられるようになっています。CSRとは企業の社会的責任を意味します。一般に、企業は利潤追求だけでなく、社会に対して一定の責任を果たすべきだという考えに基づいています。具体的には法令順守・人権配慮・環境保護・雇用など多岐にわたります。ここから、「CSRの取り組み内容の代表例」と「企業がCSRで優先的に取り組んでいる分野」を紹介しましょう。

日本においてCSRが問われるようになった背景には、直接的には不祥事の頻発がありますが、より根本的には、これまでの企業とステークホルダー（株主・従業員・取引先。消費者など）の安定的な関係が崩れているという点が挙げられます。そうした中、ステークホルダーとの新たな関係を再構築するためにCSRが問われているという側面があります。

一方で「日本企業は、近江商人の昔から、社会を配慮して事業を展開してきた」「CSRは一種のブーム。企業は儲けるのが先決」といった「CSRは目新しくありません論」や「CSR二義的論」を主張する向きもいまだに少なくありません。一昔前なら、余裕のある企業だけが取り組むか、あるいはフィランソロピー（社会貢献）、メセナとして語られていた諸活動が、企業戦略そのものに関わるものとして問われているのです。

## 概要

ＣＳＲ論の意味を歴史的に位置付けてみましょう。経営責任は、経済的責任と社会的責任からなります。早くから経営の社会的責任と意識されていたのは、株主への配当責任です。会社経営にとってこれは同時に経済的責任でもあり、経営責任として理解されていました。これを超える経営の責任が、社会的責任として現在問われるに至っています。

わが国の場合、そのような社会的責任論の高まりは大きく３つの時期に分かれ、いささか混乱しつつ領域的にも質的にも深められてきました。第Ⅰ期社会的責任論（１９５０年代後半）は、株主の責任を前提に、顧客に対する「良質・安価な製品・サービス」が強調された。今日、これを社会的責任という人はないでしょう。それどころか、経済的責任を果たすための競争武器でさえあります。第Ⅱ期社会的責任論（１９６０年代後半～７０年代初頭）は経済的領域のみならず、消費者問題（製品の安全性等）や雇用問題（社会的弱者に対する就業保障など）も加わり、特に公害問題（生産プロセス廃棄物による地方的汚染）の解決に迫られました。

そして現在２０００年代では、コンプライアンスや地球環境問題を中心にした第Ⅲ期社会的責任論が展開中です。

ＣＳＲのカバー範囲は広い。企業経営そのものから資金調達・雇用・社会貢献・地域との付き合い・国際的な援助や支援・地球環境問題などがあります。従来は国の領域と考えられてきた分野でも、企業の責任とみなされる分野が増えています。

ＣＳＲ活動というと、まず社会貢献的な活動を思い浮かべられることが多いです。そのため、どうしても費用がかさむだけという固定概念に囚われてしまうことが多い。また、一部の裕福な企業だけが行うものとの考えにも傾きがちです。この点で、ＣＳＲ活動に対し、消極的になってしまう場合も多いかもしれません。確かに、かつて80年代後半の好景気が続いたときに流行した、企業が文芸術活動などに資金を投じるメセナやフイランソロピーは、費用がかさみ、企業の持ち出しばかりであったため、不況になると一気に下火になり、やがて忘れ去られていきました。

しかし、ＣＳＲ活動には、そのような社会貢献活動は含まれるものの、それはごく一部に過ぎません。より重要になるのは、株主や消費者・従業員・地域社会など企業が関わる様々なステークホルダーと、日常の活動を通じて信頼関係を構築することにあります。信頼関係を構築することによって、企業在立を確固たるものにするというのが、ＣＳＲ活動の基本的な目的です。かつてのメセナやフイランソロピーでみられたように、儲けの一部を気前よく寄付するというような発想とは根本的に異なるものです。

したがって、CSR活動によって、短期的には費用がかさんだとしても、それはコストではなく、ステークホルダーとの良好な関係を築く投資であり、企業にとっては長い目で見て利益になるという発想に基づいて取り組んでいく必要があります。

一般的には、社会的責任を果たせばコスト増を招き、利益を減少させるという主張がかなり説得力を持っています。このように両者を対立的に捉えると、社会的責任は利益を社会に引き渡す義務となり、利益を圧迫する以外の何ものでもありません。

これまで、多くの経営者はそのように考えてきました。この場合、社会的責任を経営戦略に組み込んで展開することはかなり難しいです。たとえ、今日の地球環境問題への関心の高まりを受けとめた経営理念や経営倫理の上から取り組んだとしても、投下費用は利益を生みません。コストと理解され、消極的な環境対策になってしまうでしょう。

それでは社会的責任と利益とは対立するものなのでしょうか。必ずしもそうでありません。1970年代半ばに定義された社会的責任（公害問題）では、適度に果たす企業は、よく果たすか、ほとんど果たさない企業より利益率が高い。つまり業績順は、適度に果たす企業＞よく果たす企業＞ほとんど果たさない。と位置付けられています。

環境意識が進んだ現在だとよく果たす企業＞適度に果たす企業＞ほとんど果たさない企業、となる可能性が高い。あるいは、ほとんど果たさない企業は淘汰されるか、いずれ淘汰されるでしょう。

これは、社会的責任と利益との直接的対立まで否定したのではありません。むしろ、社会的責任が大きな企業が必ずしも低業績ではなく、逆であることを論証しているのです。

もちろん、業績がいいから社会的責任に取り組めると理解することもできます。しかし、社会的責任は利益の原因ではありません。しかし、環境変化に対する感受能力の高さを示す指標であり、ビジネスチャンスを掴む戦略的能力の高さとも受けとめられます。さらに積極的に社会的責任を経営戦略に組み込み、そこから業績を高める道はないのでしょうか。もともと、企業は社会的欲求に応えて利益をあげてきたのであり、いずれも生存にとって必要であると考えてみれば、両者を統合することは可能なはずです。

事実、環境問題に熱心に取り組んでいる日本企業には、リコー、キャノン、トヨタ、セイコー、エプソン、日本ＩＢＭなどのように業績的にも優良な企業が多いです。そこには、単なる環境対策を超えた『新環境問題』に取り組む経営によって、利益を高めてゆくものと考えられます。

顧客の満足度を高め、信頼を得ることは、自社の製品・サービスに対する固定ファンを作ることになり、企業にとって継続的な利益をもたらすことは言うまでもありません。また、自社の従業員の満足度を高めることは、従業員の能力を十分発揮させ、業務の効率を高めることのみならず、働きやすい企業との評判を高め、優秀な従業員を確保しやすくなります。

株主の満足度を高め、信頼を得ることは、投資家の自社株に対する人気を高めることを通じ株価を安定化させ、また自社に継続的に投資する安定的な株主を獲得することによって、資金調達面の基盤を安定化させる効果を持ちます。

社会貢献を通じて、地域社会の中で信頼を得ることは、顧客獲得に結びつくのみならず、企業が地域社会の一員として認められることを通じ、企業の存立の基盤を確固たるものにすることにつながります。このように、CSR活動の支出を通じて様々なステークホルダーの信頼を得る「投資」として位置づけることは、自社の基盤を様々な面で確固たるものにするのです。

しかし、こうした投資としてのCSR活動の効果は、すぐに目に見えて現れるという性質のものではありません。CSR活動のうち、環境負担軽減などの環境面の活動は、定量的な効果を把握しやすい分野ではありますが、社会面の活動はそもそも何をもって効果があったというのかが難しく、厳密に把握できる性質のものではありません。

定量的に把握できないにしても、反社会的行為を行った企業の業績が大きく悪化したり、企業の存続を問われる事態にまで発展したいくつかの例を思い起こすと、CSR活動に一定の効果が存在することは紛れもない。事実と言えるでしょう。

この意味で、CSR活動に対する支出は、将来起こりえるリスクを軽減するための重要な投資だと位置づけられます。すなわちCSR活動は、様々なステークホルダーとの信頼関係を築くとともに、将来起こりえるリスクを軽減させることを通じ、企業在立の基盤を確固たるものにするための投資と考えられます。そう考えれば、CSR活動に対する支出は、本来の事業活動に投資する投資に匹敵するほどの重要性を帯びていると考えられます。

これまで、企業にとってのCSRの意義を見てきましたが、これを一言でまとめれば、企業の「ゴーイングコンサーン」を保証するということです。ゴーイングコンサーンとは、企業が将来にわたって無期限に事業を継続し、廃業や財産整理などを行わないことを前提とする考え方です。また、これらの考えを前提とした企業そのものを呼ぶ場合もあります。

一方で、現実の企業の中には将来の倒産リスクが大きく、企業の継続能力にCSRがビジネス上の利益と結びつく能力に疑問があるものも少なくありません。

これまで述べてきたCSR活動も、それを怠り、不祥事など反社会的行為を招いた場合には、企業の将来の存続に関わる事項となりえます。つまり、企業にとってはCSRを果たすことでゴーイングコンサーンにつながることが保証されるのです。

また一方では、ゴーイングコンサーンですることは企業の社会的使命・責任を果たすということにもなります。「社会」というステークホルダーにどう向き合うか。そのことを通じて、どう「企業価値」を高めていけるか。グローバル化の中で、大企業も中小企業も、輸出企業も国内向けの企業も、製造業も非製造業も、企業・会社と名のつく存在は、好むと好まざるとにかかわらず、自らの社会的責任を踏まえていかねばなりません。

**評価基準**

ここでは、何が具体的な評価基準になるのか、各種の評価基準・ガイドラインを挙げてみます。

評価基準・ガイドラインは、上の図のように大きく分けて「企業自身による取り組み」と、「外部評価」があります。ここではその概要について簡単に紹介します。

はじめに外部評価に当たるSRI・機関投資家の評価基準を挙げてみましょう。SRI

■各種の評価基準・ガイドライン

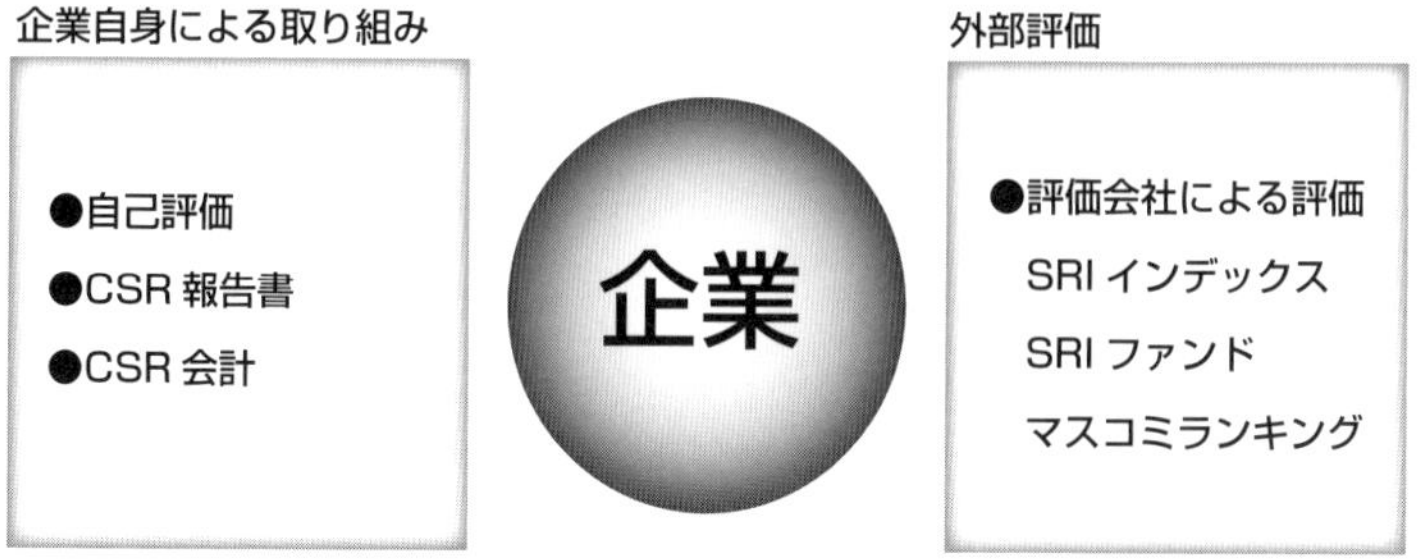


の銘柄選定や、株主として投資すべき銘柄を選定するに当たっての、企業を評価する際の基準という形で示されています。経済・環境・社会に関する一通りの項目が評価項目になっています。

ＣＳＲ活動で一定の水準を満たした企業で構成する指数（ＳＲＩインデックス）も作成されています。世界企業の銘柄から構成されるグローバルＳＲＩインデックスとしては、ＤＪＳＩ、ＦＴＳＥ4Goodが有名です。

日本企業の銘柄だけで構成されるＳＲＩインデックスとしては、MS-SRＩがあります。機関投資家の評価基準には、例えば、厚生年金基金連合会が企業統治に優れた銘柄からなる「コーポレートガバナンスファンド」を組成する際に示した、コーポレートガバナンスの評価項目や議決権行使基準があります。

ＳＲＩ機関投資家の評価基準は、ＣＳＲ全般やその一部（例えば、コーポレートガバナンス）の観点から、優良銘柄を選ぶことが目的です。これら銘柄の株価パフォーマンスについては、平均的に比べ、相対的に優れたパフォーマンスを達成しているものも少なくありません。

ＣＳＲ活動に対する注目が集まるようになるにつれ、マスコミによって企業のランキング付けもしばしば行われるようになっています。「NEWSWEEK」や「日経ビジネス」などによるランキングはその一例です。評価機関の評価項目ほど詳細ではありませんが、経済・社会・環境に関するパフォーマンスを数値化することで企業のランキング付けを行い、しかも、順位を公表しています。そのため、企業にとっては気になる存在です。評価項目自体は、前述で掲げたものと基本的には同様の考え方に基づいています。

「NEWSWEEK」は世界ランキングであるため欧米企業の取組状況とその中での日本企業の位置、「日経ビジネス」は日本企業の取組状況を知る上で参考になります。

次に企業自身による取り組みの一つである自己評価基準を挙げます。経営者の団体である経済同友会は、CSR活動は外部から強制される性質のものではなく、自らの判断で主体的に取り組むべきものとしています。その際、自社の取組状況を確認するためのチェックリストとして、企業評価基準を策定しています。チェック項目はCSR全般に及び、その取り組む状況とパフォーマンスを評価するための項目はすべて公開されています。会員企業に対するアンケート調査を行い、日本企業の取組状況やパフォーマンスの姿を示しています。そのため、自社の状況を比較し、参考にすることもできるのです。

CSR報告書のガイドラインとして、世界的に使われているのはGRI（サステナビリティに関する国際基準の策定を使命とする非営利団体）ガイドラインです。GRIガイドラインにはCSR全般に関して報告書に記載し、自社のCSR活動に関してアピールする有効な場です。その信頼性を高めるためには、一定の基準をクリアしておく必要があり、ガイドラインの項目工程度は網羅しておくことが必要です。

CSR会計は、CSR報告書に比べればまだ普及していません。しかし、環境会計の範囲を概念的に広げたものであり、環境会計が実務としてかなり定着している現状を考えれば、将来はCSR会計も少しずつ普及していく可能性があります。CSR会計は、ステークホルダーに対し、自社の取組状況を金額で示すとともに、それが企業価値にどのように影響を与えているかをアピールする上でも有効です。

CSR報告書、CSR会計は、その中身が重要なことはもちろんですが、そうしたものを作成しているということ自体が、CSR活動の取り組み水準の高さを証明するものとなります。

## ■不倒不滅の企業を目指して持続的発展する企業が備える条件

企業が自らの存在意義を基本理念（社訓・社是）としてまとめ、さらにそれを具体化したものとして行動基準（倫理綱領）を定めている例は多いです。最近のCSRに対する注目度の高まりから、基本理念・行動規範を再検討する動きが活性化しています。しかし、それが本当に社員の意識に浸透し、日々の業務に生かされているかというと、疑問が生じる場合も多いでしょう。また、日本ではともかく、海外の現地スタッフにまで周知徹底しているかというと疑問があるケースもあるはずです。社員の意識の奥底にまで植えつけるための古典的な手法として行われてきたのは、毎朝の基本理念の唱和です。

一見アナクロニズムとも思われる手法ではありますが、現在では、一定の効果があると考えられています。すなわち現代においても、企業のタイプによっては効果的な手法といえます。このほか、古典的な手法として挙げられるのは行動基準を社内の誰の目にも見えるところ、できれば顧客にも見える場所に掲示することで、外部の目も意識させながら、社員に常に意識させるという手法です。

このように経営理念、またそれを具体化した行動基準は、いったん定めればそれで終わりというわけではなく、常に社員に意識させておくための工夫が必要になります。しかし、それでも多くの企業の不祥事に見られるように、それが発覚して社会的に非難されたり、犯罪として告発・立件されたりするまでは、不正・不法行為をやめることができなかったという例など、枚挙に暇がありません。

それが露見したら自分の部署や仕事がなくなってしまいます。あるいは自分ひとりが不正を指摘しても組織の中で握りつぶされるだけだという意識が強ければ、いくら仕組みを整えても何の効果も生まれない…という結果で終わってしまいます。ここで重要になるのは、不正や倫理に反した行為は決して許されません。という経営トップの強い姿勢です。

経営トップの強い姿勢は、仮にこれまで不正があったとしても、これからはそれを断ち切っていこうという社員の勇気にもつながっていきます。こうした経営トップのメッセージと、実際の仕組みが整って初めて、企業全体に倫理観が浸透し、社員一人一人の実際の行動にも反映されるようになると考えるべきです。

ミートホープやオリンパスに見られる問題は「日本特有」の会社組織の体質を露呈した出来事でした。日本人は会社組織と「社会」を切り離すことが苦手で、会社のルールをそのまま社会に当て嵌めてしまう傾向があります。欧米の場合は、会社組織と社会を分けて考えるのが一般的で、オフィスと社会には良い意味での「空間や区切り」があります。日本人特有の「会社」との距離感は度々海外でもジョークなどの引き合いに出されているようで、その考え方は海外からすると「やや異質なこと」と捉えられています。

ここで、元オリンパスのウッドフォードの例を引用しましょう。彼はいい会社・いい経営について、こう結論しています。「いいプロダクトを作り、倫理的に売ることだけを考えれば良いです。ほかのすべては、それに従って自ずとついてきます」

オリンパスやミートホープの例でも分かりますが、経営陣はいつの間にか、自分達の「良い」という判断や都合を「社会にも受け入れられる」と錯覚するようになったのでしょう。会社のルールや倫理観は、社会のルールや倫理観とずれていることに気が付かないのは、おごりでもあり大きな間違いです。もちろん「ただ責めるだけ」なら誰にでもできます。ここで私たちが考えるべきなのは「自分達が正しい」と感じることが、必ずしも社会の倫理観や「正しい」という考えと一致しないことを知るべきということです。会社組織の中にいると、いつの間にか社会の倫理観からはみ出し、不気味な存在へと変容してしまうことの恐ろしさに、経営者や社員が一体となって気が付く必要があるでしょう。

## ■コンプライアンス

狭義のコンプライアンスは最低限の法令順守であり、企業が社会から存在を許されるための必須条件となります。比較的に容易に思えますが、少なからず企業で長時間労働やサービス残業など労働関連法令が落とし穴になっているように見受けられます。不祥事を起こして社会的に糾弾された企業は、このレベルでつまずいていたことになるのです。コンプライアンスを法令順守と訳す結果、コンプライアンスとは、法律や社内規則を形式的に守り、制裁を回避するための活動と認識されていることが多いです。しかし、このような考え方は「ルール違反をしても見つからなければ良い」という考え方に結びつきやすく、コンプライアンスを誤解しているものであり、かえって企業リスクを高めることにもなるのです。

本来の法律は、社会の一定の価値や利益を正当に保護するために存在します。その保護されるべき価値や利益は、時代によって変遷するのです。往来、日本の法律の中には（表面上はどうあれ）業界の保護のために機能している法律が少なからずありました。しかし、公正な競争が重視される時代となった現在、法律の機能としては、消費者の健康と安全、環境の保護等が主眼となっています。

広義のコンプライアンスは、法令の趣旨を理解し、その法令を守ろうとする、あるいは増進しようとする利益や価値に従った行動を企業に求めるものです。これを企業経営の中に自主的かつ積極的に取り入れて、自社の企業価値を高める（戦略的実践としてのコンプライアンス）努力をしていかなければ、経営環境が急激に変化する新時代の中で勝ち残れない状況となってしまいます。企業がそのような行動をとることによって、リスクは減殺されるとともに、社会から尊敬される企業となり、その企業の価値も増大するはずです。

また、コンプライアンスの充実により、有能な人材が集まり、良質の顧客獲得も可能になります。このため、現実的な利益の増大にも貢献するはずです。また、最近はコンプライアンスが充実した企業に集中的に投資するファンド等も登場し、ＩＲの活動の中でも欠かせないテーマとなっています。

## ■雪印乳業食中毒事件とジョンソン・エンド・ジョンソン毒物混入事件

２０００年６月の雪印乳業食中毒事件では、大阪工場製造の加工乳によって戦後最大規模の約１万２０００人が食中毒を発症し、内１名が死亡しました。直接の原因となったのは、北海道大樹工場で製造された脱脂粉乳の汚染だったのですが、同工場で事件発生の３ケ月前に停電が起き、長時間にわたり乳が温度管理されていない状態におかれた結果、黄色ブドウ球菌の毒素が発生したのです。

しかし、この原因が究明されたのは、警察の捜査や厚生省の立ち入り調査等により、事件発生後かなりの日時が経過してからのことでした。その間、会社の衛生管理や文書管理等のずさんさが次々と判明したり、クライシス（危機）発生後の後手後手に回った会社の事件への取り組み方や社長のマスコミの対応（クライシス・コミュニケーション）などが厳しく指摘されました。

そして、その後の２００２年１月、国のＢＳＥ対策の買取り事業を悪用した子会社雪印食品の国産牛肉偽装事件が発覚するに及び、「雪印ブランド」は泥まみれになり、消費者からの信用を決定的に失ってしまいました。

この雪印事件と対照的な対応を行い、その危機管理手続きの良さを評価された事件として、ジョンソン・エンド・ジョンソン事件が挙げられます。１９８２年、大手製薬・衛生機器メーカーのジョンソン・エンド・ジョンソンの子会社が製造した鎮痛剤タイレノールに青酸化合物が混入されるという事件が発生し、７名が死亡しました。親会社の社長は、事件発覚後直ちに陣頭指揮に立ち、製品の回収・事件の公表・製品改良を迅速に行い、消費者の安全保護を最優先にして、事後の最新情報をマスコミに流し続けました。また、消費者に警告するとともに、全国の医師・薬局・病院等に電報・電子メールを送り続けたのです。そして、行政の指導を待つことなく、企業トップの英断でカプセルの形状を錠剤に変更するなど、次々に先手を打って製品の安全対策を実施したと言います。

その消費者の安全を最優先させた事件後の迅速な対応が、徐々に消費者の信用を回復させました。また（事件発生後）急落した同社の製品売上高を短期間のうちに回復させたことで、結果的に高い評価を受けています。

前述の両事件から学ぶべきものは、消費者の健康・安全に関わるクライシスが発生した場合、当該企業は、何を最優先にして、誰に目を向けて対応するかです。ジョンソン・エンド・ジョンソン毒物混入事件の場合には、消費者の健康・安全保護を最優先にして、消費者に目を向けて対応したことが明らかです。それに対し、雪印事件の場合はどうでしょうか。

食中毒事件発生後に報道された一連の経過・企業の対応を見る限り、一般消費者に目を向けて対応したとは言えないのではないでしょうか。HACPや監督官庁等に目を向けるのではなく、真に消費者に目を向けた対応をしていたのであれば、一般消費者に対して最新情報を広く伝達する有効な手段である記者会見において、「私だって寝ていません」などの社長の数々の問題発言はもとより出なかったでしょうし、相当に異なった事件後の対応になったものと思われます。

消費者の安全保護を最優先にし、消費者に目を向けた対応は、必然的に「事故・事後への迅速な対応」となり、その対応には「誠実さ」を伴い、それが結果的に、消費者からの信頼と企業価値の回復につながることを認識すべきです。

すべての企業は、企業活動を遂行する上で、不祥事やクライシスに遭遇するリスクを常に負っています。不幸にもそれが発生した場合に、適切な対応をとることができるか否かは、その企業がどのような基本的価値観と行為準則を持って日常の企業活動を行っているかにかかっているように思われます。

戦略的コンプライアンスの実践は、クライシス発生予防のための有効なリスクマネジメントであるとともに、万一それが発生した場合に適切な対応をとるための体制整備としてのクライシス・マネジメントそのものであると考えられるでしょう。

## ■コーポレートガバナンス

「コーポレートガバナンス」という言葉の意味は実にさまざまです。日本では、直訳的な「企業統治」が定着していますが、この言葉では収まりきらないです。幅広い意味合いが込められていることもあり、統一的な定義はいまだ確立されていない状況です。

そんな中で、共通点として挙げられることは、企業内における権限・権力が集中しやすい経営者に対する「監視」「統制」「チェック」です。具体的に、「コーポレートガバナンス充実のために上場企業が重視しているポイント」と「コーポレートガバナンス改革が求められる社内外の主な要因」を図表で示しています。

コーポレートガバナンスの形態については、大きく米国型と日本型に分けることができます。日本型ガバナンスは「監査役制度」と呼ばれ、株主総会が取締役とともに監査役を選任し、監査役は取締役の業務執行を監査します。これが基本的な枠組みです。

次に米国型といわれる「委員会等設置会社」は、取締役会の中に「指名委員会」「報酬委員会」「監査委員会」の3つの委員会を設けます。それぞれの委員会の過半数は、社外取締役としなければならないという条件があります。すなわち、経営の監督と業務執行を分離し、社内取締役や執行役は職務に専念しやすい形態になります。

それらを踏まえ、日米折衷型を模索する企業もあります。しかし、今問われているのは、日本型か米国型かという形態の問題ではなく、いかに制度の実効性を高めていくかです。

コーポレートガバナンスの本家本元とされるアメリカでも、現在多くの企業で試行錯誤の動きが活性化しています。日本でも、２００３年４月に改正商法が施行され、新たに設けられた選択肢である米国型に移行する企業が当時出始めました。一方で、日本型ガバナンス形態である監査役制度を維持したまま、監視・チェック機能強化に取り組む企業も多く、大企業を中心にガバナンス改革が進められています。

■米国型ガバナンス「委員会設置会社」の仕組み

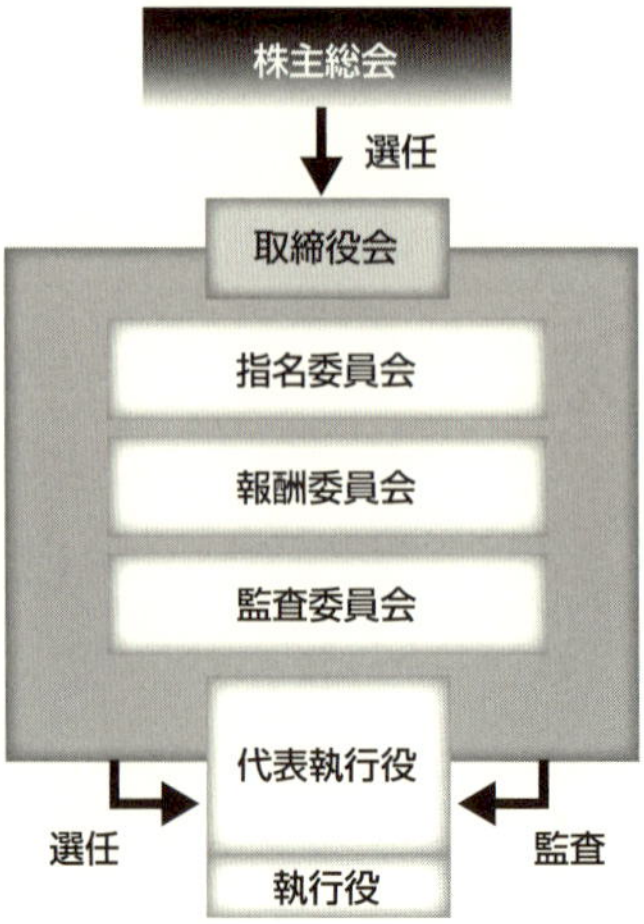


●取締役会は経営の監視の特化し、職務執行権限を執行役に委任する形態。

●取締役会に以下の３つ委員会を設ける。
・指名委員会：株主総会に提出する取締役の選出（解任）議案を決定
・報酬委員会：取締役と執行役の報酬を決定
・監査委員会：取締役と執行役職務執行を監査

●各委員会は3名以上で構成し、それぞれ委員の過半数は社外取締役が務める。
●経営の透明性が高まる効果が期待できるが、それも各委員の人選いかんという側面がある。

以上のことを総じていえるのは、多くの企業が生き残り・勝ち残りをかけてコーポレートガバナンス改革に取り組み始めたということです。そして、コーポレートガバナンスとは、企業が字義通りのゴーイングコンサーンであり続けるための経営監視装置であり、生命維持装置の1つといえるのではないでしょうか。

このように、ゴーイングコンサーンであり続けるための装置として、現在「内部統制」が注目されています。内部統制とは、企業が法令を守りながら効率的に事業を進めるために設ける、ルールや手続きなど社内管理の仕組みのことを言います。例えば、決算書を正しく作るための社内体制の整備を経営者の責任とし、監査も義務付けることで粉飾を防止し、決算書の信頼性を高める狙いもあります。

米国ではエンロン事件を契機に、2002年に成立した企業改革法により内部統制ルールを導入しました。日本でも、日興コーディアルグループとミサワホームホールディングスが2006年12月に決算訂正を発表し、企業の内部統制のあり方を問う声が高まっています。

内部統制は、金融商品取引法で、2009年3月期から全上場企業を対象に義務付けられています。通常の会社であれば本来、各種の社内ルールを持ち、内部統制はもともと整備されています。新ルールの導入により、企業が新たに内部統制をゼロから構築するわけではありません。新ルールが内部統制の画一的な規格を定めるわけでもありません。

では、新ルールでは何が変わるのでしょうか。新ルールでは、正しい決算書を作成するための内部統制が有効に機能しているかを、経営者が毎期点検して内部統制報告書を作成し、会計士が第三者の立場から監査するのです。経営者は内部統制をちゃんと自己点検したことを客観的に証明する必要があります。具体的にどのような手続きやルールがあるのかを細かく文書に記録した上で、点検結果も文書で残さなければなりません。

ここで、会社法が求める内部統制との違いを挙げてみます。会社法は大会社（資本金5億円以上または負債200億円以上）を対象に、業務全般にわたる内部統制の整備を求めています。

金融商品取引法は、上場会社だけが対象で、決算書を正しく作るための内部統制に焦点を絞っています。会社法では、監査などを義務付けていませんし罰則もありません。金融商品取引法では、内部統制報告書のみ提出や虚偽記載に対し、代表取締役ら個人は5年以下の懲役・500万円以下の罰金、法人は5億円以下の罰金が科せられます。

ここで挙げてきたコンプライアンスも企業倫理も、最近議論され出したテーマであり、日本においてはそれほど確定した定義があるわけではありません。コンプライアンスも企業倫理も、企業が社会で信頼される存在であることを目指すことに変わりありません。

また、米国のある企業倫理コンサルタントの言葉を借りると、企業倫理は「ビジネスにおける誠実性」です。①組織を構成する経営者・社員の人間としての「個人倫理」、②仕事を有する人に関わる専門倫理を含む「職業倫理」、③企業使命・経営理念などに基づく企業活動に関わる「組織倫理」という3要素を基盤として、企業活動を正しく行うかに関するすべての倫理問題を対象にしています。そして、この3要素が重なり合う中核部分こそコンプライアンスとしています。このような考え方に従うなら、企業倫理がやや抽象的なものであるのに対し、コンプライアンスは企業の誠実な活動をより具体的に法令順守という形で表現したものと言えます。

## ■委員会等設置会社のソニーと監査役制度のキャノン

まずは、いち早く委員会等設置会社に移行した企業の代表としてソニーの事例を紹介しましょう。ソニーは日本企業の中でも、とりわけ早くから米国流経営手法を積極的に取り入れてきた企業です。そういう企業風土なだけに、改正商法の施行を受けて2003年6月の定時株主総会で「米国型企業統治」といわれる委員会等設置会社の移行を決めたのは必然の流れであったといえるでしょう。

商法改正の前から1997年に「執行役員制」を導入し、1998年には「報酬委員会」と「指名委員会」を設置というように事前ステップを踏みました。法務部門の担当専務などを中心に約2年の検討期間を置いた上での移行だと言います。

米国の企業では現在なお、CEOが取締役会議長を兼任している大手企業が少なくありません。しかしソニーの場合は、代表執行役が取締役会議長を兼務するしかなく、執行と経営監督の分離が明確に打ち出されています。

委員会等設置会社に移行するとは「監査役会制度の廃止」です。社外取締役が過半数を占める監査委員会の実効性については疑問視する向きも産業界には多いです。しかしソニーはその点の配慮にも抜かりはなく、内部監査部門及びコンプライアンス部門の強化も一方で推し進めてきました。

改正商法施工直前の2003年3月、日本経済新聞に掲載されていた法務部門を統括する役員の言葉が印象的だったのでこれを引用しましょう。「ソニーとしての望ましい姿やそのために必要な改善策をまず考えた。法改正は選択肢が増えたということ」。委員会等設置会社以降はあくまで手段に過ぎません、という考え方です。

一方で、委員会等設置会社に移行した企業はまだ少数であり、大多数は監査役を維持した中での改革を模索しています。そんな中、従来の監査役制度を維持しているキャノンの事例を紹介しましょう。

キャノンは1960年代からアメリカの会計基準に基づく連結決算を公表するなど、情報開示に非常に熱心な会社です。それゆえ海外投資家からの評価が高く、1990年代以降、外国人持ち株比率は上昇の一途で、全体の半数程度を占めています。

ところが面白いことに、同社は米国流の社外取締役によるコーポレートガバナンスには見向きもせず、役員会は生え抜きの日本人で固めています。同社創業以来の伝統「いいとこ取り経営」を受け継いだ御手洗冨士夫会長の米国流コーポレートガバナンスに対する持論は、マスコミで何度も紹介されています。日米両国のシステムの長短を知り尽くした上で説く、その明快かつ説得力のある論には支持者も多いです。次にキャノン御手洗冨士夫会長のコーポレートガバナンス関連語録を紹介します。

いいとこ取りとは、言い換えれば合理性を常に意識してきたということだ」（日本経済新聞２００３年1月24日）

私は委員会等設置会社方式を、頭から否定するわけではありません。理論的には理解できます。しかし、現実に機能するかは疑問だ。（２００３年6月24日）

仮に私が社外取締役に招きたいと思う人がいたとしても、そうした立派な学者は自分の仕事が忙しく、来てくれないでしょう。監査機能を果たせる人を実際にそろえられるとは思いませんから、委員会設置会社方式にはあまり魅力を感じません。（同上）

少なくともキャノンは監査役制度による企業統治形態で十分間に合っています。常勤監査役がすべての重要な会議に出席し、1年中、ぎっしり詰まった監査スケジュールに基づいて動いています。彼らは非常勤の社外取締役よりはるかに多くの情報を得られます。（同上）

「経営はローカルな要素とインターナショナルな要素からなります。会計基準や、経営手法などは万国共通だ。しかし、企業が組み込まれている社会の性質・思考体系・文化はそれぞれ異なります。その文化に合ったガバナンスの仕組みを選べばよいだけのことだ。（週間ダイヤモンド2003年6月2日号）

その他の主だった企業の動きについて簡単に触れておきます。トヨタ自動車は執行役員制度を導入し、往来からの商法上の役員の数をほぼ半減しました。取締役会の構成メンバーは、常務クラス以上で構成することでスリム化を図っています。執行役員制度のほか、外部有識者で構成する「アドバイザリーボード（経営諮問委員会）」を創立する動きも目立ちます。ちなみにアサヒビールはすでに１９９８年にアドバイザリーボードを設置しています。

## ■顧客満足度経営

顧客満足とは、顧客が満足することであり、提供されたサービス・商品サービス、さらには提供者の理念などについて、顧客が自分自身の基準によって納得の得られる品質と価値を見出すことです。Customer Satisfaction、略して「CS」とも呼ばれます。

さらに、顧客満足度経営とは、受け手（お客様）の発想で商品やサービスを提供していこうというもので、企業が商品開発や販売をする際に重要視されています。現在ではこの考え方が広く浸透し、これを受けて「お客様第一主義」を掲げ、サービスを提供する企業が数多くあります。

顧客満足が企業の経営課題の1つとして重要な位置を占めるようなった背景には、経済構造と消費者意識の変化が考えられます。供給が需要を上回り、物もサービスも私たちの身近な市場に溢れる現在、商品の選択権はお客様にあるのです。お客様の満足があれば、商品やサービスは再購入につながり、不満足であれば二度と購入してもらえません。お客様の満足・不満足は期待と結果の差異で決まります。つまり、商品を購入したり、サービスを受けたりする前に「このくらいだろう」と考えていた期待値に対して、実際に物やサービスを受け取ったあとの満足度が、高いか低いかによって決まるのです。

どんなに良いサービスであっても、それが顧客の期待するものでなければ顧客は満足してくれません。つまり、「顧客の期待」を正しく把握することが重要となります。そして、顧客満足を向上させることによって、「サービスの再利用」「サービスの評判」という形で企業に利益をもたらすのです。

商品、サービスの良し悪し、すなわち価値を判断するのはお客様で、お客様が満足する価値を提供する企業経営が必要とされるのです。各企業は、商品やサービスの特徴を明確にして差別化をはかり、ターゲットのお客様が選びやすいように工夫をしたり、高品質で勝つ低価格実現のためにコストダウンを行ったり、様々な努力を行っているのです。

ここで、顧客満足が企業にもたらす効果を3つ挙げてみましょう。

①顧客ロイヤリティの向上による企業利益の安定。顧客が特定のサービス、商品に対して信頼感を持ち、着実に再利用、再購入してくれる度合いを顧客ロイヤリティと言う。つまり、顧客ロイヤリティの向上によって、リピート率が高まり、企業の利益が安定するのです。

②口コミによる波及効果。顧客満足にはコミュニケーションが伴う。すなわち、満足を最も実感するのは、誰かにそのことを話したときです。満足した顧客は口コミという形で「良い評判」を作り新規顧客の獲得に繋がるのです。

③会社組織の変化。顧客の視点に立った顧客満足追求のための組織は、経営者をトップとするピラミッド型の組織ではなく、「逆さまのピラミッド」の発想が必要となります。サービス提供者が自ら判断し行動できるよう、管理者がアドバイスや情報提供を行い、サービス提供者をバックアップしていく体制が必要となります。

以上の効果を踏まえると、顧客満足の向上によって獲得した「満足されているお客様」は企業にとって再優良資産となるのです。

## ■アフターサービスの先進企業「キャノンマーケティングジャパン」

今、消費者に対する態度が厳しく問われています。パロマが引き起こした瞬間ガス湯沸し器の一酸化炭素中毒やシンドラー製エレベーターの恐怖は、いまだ鮮明に記憶されています。

メーカーの使命は、優れた製品を開発して市場投入することだけではありません。製品を購入した顧客に対して、誠実なアフターサービスを実践することで果たされます。いわば「販売後」がメーカーの本当の勝負なのです。

A社は化粧品や日用品を生産販売する、米国でも有数の大手メーカーです。洗剤や化粧品は日用品の中でも特に使用頻度の高い商品であり、より細かなマーケティング戦略が求められます。このため、A社は顧客の考え方や行動をより正確に分析するため、バーチャル店舗の導入へと踏み切りました。

ここでのバーチャル店舗とは、巨大ディスプレイに実際の店舗に近い「仮想空間」を作りだし、顧客がどのように店内で行動するのか、脈拍や動線、視線などの動きまで細かく調査し「商品選択をどのように決定しているのか」をPOSデータでは見えない部分のデータ取得を実施したのです。

ここで得られた貴重なデータは、店内での施策に限らず、発注数などの在庫の管理や商品の開発など、各分野に共有し活用されることとなりました。結果、A社では「組織全体でのデジタイゼーション」の方法論と重要課題を特定し、ビジネスの成功に活用することに成功しました。

このほかにもIT部門を中心とし、社内システムの構築だけでなく、ソーシャル技術やバーチャル技術など特殊性の高い分野とも連携を図り、更なる技術開発も積極的な取り組みを行っています。

A社は、IT部分と社内の両軸を機能させることで、顧客満足度の高いデジタイゼーションを成功させました。こうした例は、日本の企業も参考にできる点が多く、グローバリゼーションを推進する上で、必要不可欠な流れと言えるでしょう。

参考文献：https://www.nri.com/jp/opinion/it_solution/2013/its201312.htmlITソリューションフロンティア Vol.30 No.12（野村総合研究所）

## ■サプライチェーン管理

### グローバルSCM改革の事例

企業のグローバル化が進む中、消費者の多様なニーズに応え、スムーズに市場に流通を行うには、各国の複雑な状況を理解し、製造や営業だけで無く、情報管理まで大きな枠組みを正しくコントロールする手腕が問われています。

グローバルSCMとは、サプライチェーンマネジメントを自国だけでなく、世界の拠点と提携し製造から販売、情報管理など「財の流れ」を作ることを意味します。グローバルSCMで最も難しいのが、どの場所（国）や地域に「どれだけの物があるのか」を把握することです。国内だけなら未だしも、海外に拠点が広がる中、すべての情報を総合判断し正確な決定を下すのは至難の業です。ここで判断を誤ってしまうと、消費者のニーズに素早く対応することができず、販売の機会を逃すなど、経営にとっては大きな損失となります。

こうした問題をクリアにしてくれるのが、世界を軸にした「的確な生産と供給管理」体制を導入することです。拠点毎の管理ではニーズに合った、最適な生産が難しくなります。

しかし、企業グループの活動を全体でコントロールすることで、最適な物の調達と生産が行えるようになります。

### グローバルSCMの活用で、生産管理に成功したアデランスの事例

「毛髪関連事業」で国内大手のアデランスは、NECのグローバルSCMソリューションを活用し、生産管理プロセスの最適化や海外の生産管理システムの刷新に成功しました。

この結果、オーダー品がどの海外工場で生産されていて、予定通りに納品できるのか、グローバルレベルで適正な生産管理が行えるようになりました。また、現在は需要に沿った海外拠点間での物の調達や生産調整、よりフレキシブルな流通体制を整備していると言います。海外拠点と連携を図ることは、想像以上に難しいことです。しかし、NECグローバルSCMソリューションによって業務プロセスの標準化を行い、グローバルな最適生産への対応に成功したのです。

参考：MONOist【事例で学ぶ！製造業成功の秘訣】全拠点を巻き込んだグローバルSRM改革が競争力強化のカギに！

http://monoist.atmarkit.co.jp/mn/articles/1402/18/news001.html

## ■トレーサビリティ

徹底したトレーサビリティによって「美味しく安全」なモスブランドの確立に成功【モスバーガーの例】

国内はもとより海外でも拠点を広げるモスバーガー（モスフードサービス）は、一貫したトレーサビリティを確立したことで、信頼経営を実践する企業です。ここでは、生産登録台帳などを作成・データベース化（＝マザーシステム）することで、消費者の信頼を獲得し「安心して美味しく食べられる」モスブランドの確立に成功しました。

また、モスバーガーでは「モス畑」と呼ばれる野菜の販売サイトを立ち上げており、店舗と同じマザーシステムを使用。野菜の生産者や産地はもちろん、代表生産者などの「見える化」によって、食の安全を企業全体で徹底管理しています。

## ■ホスピタリティ

ホスピタリティとは、「あなたも私もともに喜び、感動し、幸せに生きていくことができること」と定義できます。ホスピタリティ（hospitality）とは非常に古い言葉で、そのルーツはラテン語のhospes（客人の保護者）からきています。英語の辞書などによると「親切なもてなし、款待、厚遇」という意味を持ち、ホスト（Host）やホテル（Hotel）と同様、ホスピタル（Hospital：病院）の派生語とされています。

このことからもわかるように、ホスピタリティの精神は、元々は、医療・福祉、ホテル産業の分野で重視されてきました。例えば、医療・福祉であれば患者や施設入居者、介護などのサービス利用者に対し、心の通った治療やケアサービスを行ったり、ホテル産業であれば、宿泊客への親切で気配りのきいたおもてなしを行うというものです。

ここで、サービスとホスピタリティの比較を挙げておきましょう。サービスの概念は、お客様の意思が優先され、提供者は一時的従事者としての役割を演じることです。一方で、ホスピタリティの概念は、ゲストとホストが人間の尊厳をもって対等となるにふさわしい相互関係で遇し、感動を分かち合うことです。以下サービスとホスピタリティとの概念比較です。

## サービスの概念ホスピタリティの概念

### 顧客充足のみが優先心温まるおもてなし

何故、今になって、ホスピタリティという言葉が使われ始めたのでしょう。ここ数年、多発している企業の不祥事や企業の再構築が人々の心を荒廃させ、サービスの低下などを引き起こした結果、より心と心の結びつきを求め、誠実さを相手に求める傾向が人々の間に広まったように思われます。それゆえに消費者や顧客は、行き届かないサービスに対して色々と注文を付け、企業を厳しく観察するようになってきたのも事実でしょう。「声をあげ、行動する」消費者や顧客の登場で、従来の企業とお客様の関係を急激に変化させました。つまり、サービスの品質が企業の評価に多大な影響を与える時代になったということなのです。

このため「サービスの基本はホスピタリティにある」ことに注目し、「従来のお客様との関係を見直し、もう一度原点に返ってお客様と接し、良い関係を築こう」と考える企業が増えてきたのです。ホスピタリティは、医療・福祉やホテル、航空業界などで重要視され、取り入れられてきましたが、何もこれらの分野に特有のものではありません。

例えば金融・保険業、美容・エステ業、飲食業、流通業、教育業と、挙げればきりがありません。すなわち、お客様と直接する仕事（もちろん何らかのかたちでお客様と接する仕事も同様）のすべてに必要であると言えます。

ここで重要なのは、お客様とどのような関係を構築するかということです。まごころのこもったホスピタリティでお客様と接し、双方が理解しあいながら、お客様が欲していることを読み取り、良い関係を作り上げていくことが求められます。それはお客様を味方につけた末永い関係を意味し、必ずやビジネスの成功の助けとなるに違いありません。

ホスピタリティは、顧客満足のために発揮する精神とその対応と言えるでしょう。すなわち、まごころのふれあいを通じて「お客様が求めているものは何かを探り出すことが必要になるのです。このようにホスピタリティは、顧客満足を実現するための基盤となるのです。

## ■リッツカールトンのホスピタリティ

「ザ・リッツカールトン大阪」は、その類まれなサービスによって、２００６年度日本のベストホテル（週間ダイヤモンド）に選ばれました。数ある東京の高級ホテルを抑え、幅広い支持、圧倒的な支持を得てトップとなりました。その他にも、日経ビジネス、ホテルランキングでも創業以来トップを続ける外資系ホテルです。

ここでリッツカールトンのホスピタリティの事例をいくつか紹介しよう。

**エピソード①**

リッツカールトンのスタッフはものすごい記憶力の持ち主に違いありません。何年か前に一度宿泊しただけなのに、私がホテルに入った瞬間「○○様、いらっしゃいませ」と名前で呼んでくれたのでもうれしかったよ。

**エピソード②**

レストランのテーブルに着いたら、ギャルソンが「本日のお勧めの赤ワインはこちらでございます」と言ってきました。普通だったら「飲み物は何になさいます」というところでしょう。私が赤ワイン一辺倒だということを知っていたのだろうか。

**エピソード③**

「冷蔵庫を開けた瞬間、なんだか自宅の冷蔵庫に似ているなと思いました。その理由はコーラが最前列にいっぱい並べてあったからです。どうして私がコーラ好きだとわかったのでしょう。不思議です。

**エピソード④**

「朝食のときにクロワッサンが食べたいと思っていたらもうなくなっていました。そうしたらスタッフが翌朝、お目覚めの時間にお部屋までお届けしますがいかがでしょうか」と言ってくれたのです。翌朝、部屋で焼きたてのクロワッサンを頂いたときには感動しました。

## エピソード⑤

バーの閉店が0時だってことは知っていたのですが、0時10分にだめもとで行ってみました。すると「0時閉店ですが、せっかくお見えになったのですからどうぞ1杯飲んでいってください」と言ってくれたのです。うれしかったですね。

このように、リッツカールトンのコンセプトは「もう1つのわが家」であり、理念は、「お客様が考えもしなかった感動・ニーズ・喜びを与えること」にあります。そしてそんなリッツカールトンの接客の特徴を一言で表すなら、決して「ノーと言わない」ということです。お客様から何かを頼まれたら「かしこまりました」「喜んで」と応じ、どんな細かい頼みごとにも誠心誠意お応えする。前述のエピソードからもわかるように、リッツカールトンは「ノーと言わないホテルになること」を目指しているのです。

1つひとつは小さなことかもしれませんが、全従業員が「ノー」といわないサービスを提供することによってお客様は感動されます。そして、お客様は「あそこのホテルはちょっと他とは違う」と感じて、それが次の利用へと続くのです。

もっとも「ノー」と言わないということは、必ずしもご要望にお応えすることだけではありません。事実、お客様のご要望にお答えすることが物理的に難しいこともあるでしょう。そのような場合でも、リクエストをかなえることと同様の快適さを実現できる代替案を実践することが大切なのです。

次にエピソード①を取り上げてみましょう。リッツカールトンのホテルマンは、お客様を名前で呼びます。それはリピーターのお客様でも初めてのお客様も同じです。実際、初めてホテルを訪れたのに、名前を呼ばれて出迎えられ、驚いたというお客様の例は少なくありません。そして、レセプションに向かうとすでにキーは用意され、ほとんど待たされることもなくスムーズにチェックインできるのです。

実は、ドアマンは小さなイヤホンとレシーバーを装着していて、荷物に付いたタグなどでお客様の名前を把握し、お名前をお呼びして歓迎の意を表すのです。同時に、レシーバーでレセプションにお客様の到着を知らせ、レセプションはそれを受けてすぐにキーの用意に取りかかる。ベルマンはレセプションからゲストの名前と滞在する客室番号を知らされ、迅速に荷物を運ぶ。こうしたシーンを見つけるにつけ、仕事はチームでやるものだということを痛感させられますが、全従業員がこのような対応を取ることでお客様に満足してもらうことを心がけているのです。

リッツカールトンのスタッフは、自分がとるべき対応の基準を、お客様が満足するかどうかで判断しています。それには1人ひとりのお客様に限りなく感心を持ち、パーソナルなサービスをするという精神が必要になる。パーソナルな挨拶や話題は、その精神の表れです。

そしてこのことが、ここでのキーワードとなる「ホスピタリティ」いわゆる「心くばり」なのです。心くばりを辞書で引くと、「相手の心情を十分に考慮したり、予測される事態に対し万全の対処をすること」とある。これはまさにサービスの原点でと言えるでしょう。

心くばりと似た言葉に「気くばり」がありますが、気くばりとは、「間違いや失敗のないように細かいところまで注意を行き届かせること」です。気くばりは、最低限度やるべきことであり、お客様を感動させたいと願うのであれば、それを超えた愛のある心くばりによって、深みのあるサービスを提供しなければなりません。

もっとも、心くばりというものは、「明日から皆さん心くばりをしてくださいと言ってできるようなものではありません。マニュアルでは実現できないものなのです。

リッツカールトンのスタッフは、決して笑顔を絶やさないと言われています。このことを実現するには、感じのよい人を採用することはもちろんですが、それ以上に大切なことがあります。それはリッツカールトンが顧客満足同様に、「従業員満足」にも徹底的にこだわっていることです。ここでリッツカールトンのモットーを挙げてみましょう。

日本語に訳せば、「私どものホテルにいらっしゃるお客様は紳士・淑女です。そのお客様をおもてなしする私どもも紳士・淑女であるべきです」となる。つまり、従業員が紳士・淑女としてもてなされていれば、お客様に対してもそのような気持ちでおもてなしをすることができるということなのです。

リッツカールトンでは従業員をホテル内部のお客様と考えています。マネージャーは従業員に注意を払い、どんな小さな声にも耳を傾け支援します。そういう環境が整えば、従業員は外部のお客様に対しても前向きにおもてなしができるようになるのです。それがお客様の満足につながり、リピーターにつながります。

心くばりのポイントの1つに「お客様のニーズを先読みすること」が挙げられる。その方にとって何が大事かをいかに早く正確に理解し、それを提供できるか、しかも常に提供できるかどうかが鍵となります。これが顧客満足の肝心な部分となるのですが、お客様のニーズは実に様々です。そうしたニーズを把握するためにも「心くばり」が重要となります。決まりきった接客をするのではなく、常に「このお客様に何をして差し上げたら一番喜んでいただけるのか」と考えることです。お客様と接したとき、部屋にご案内したり、話をする機会があったときに、お客様のニーズをいかに察知できるか。いかに情報を得ることができるかどうかが決め手となります。

このようにリッツカールトンでは、お客様のニーズがわかったら、全スタッフでその情報を共有します。また、そこで得た情報をデータ化し、全国のリッツカールトンで共有するのです。結果お客様にとっては、チェックインのたびに何度も同じことを繰り返すわずらわしさが省け、リッツカールトンのコンセプトである「わが家のような」快適さを実現することができるのです。

## ■SCRがアジアで受け入れられた理由

日本の歴史を見てみると、戦後急激に経済成長し、国として成熟してきたことが分かります。ただ、人としてのあり方は「まともさ」からややかけ離れてきており、日本人が本来抱いてきた道徳的観念が希薄になっているのが現状です。

豊かな文化背景を持つ日本は、海外から見て「憧れの国」であり、外国人のイメージは、礼節を重んじ、街が綺麗、治安が良い、親切、人として信頼できる、ビジネスでも紳士的といったイメージがあるようです。

国は違えど、人々が潜在的に「望んでいること」はいつの時代も共通しています。例えば、人としての正しい考えや行動は、お互いの信頼関係や絆を強める上で最も重要なことです。

成長期にあるアジア諸国ですが、まだまだ礼節に乏しい現状があります。そこにＩＴ社会を背景に、莫大な情報が入ってくるのですが、良い情報と悪い情報が入り交じり、混沌とした状況が生まれています。

こうした国々では、サービスや物が各国から輸入され「何でも手に入る時代」になりました。しかし、人々が根本的に求めていることは、いつの世も変わりません。お互いが人として信頼し合い協力することは、より良い生活を築く上で欠かせないことです。そのためには、ビジネスの面でも「尊重し繋がること」が必要とされます。日本には、礼節をはじめ沢山の良い面があります。このため、東南アジアでのビジネスにも、日本の文化や習慣を見習おうとする現地経営者や若者達がたくさんいます。

アジアに於ける具体的動きとしては、〝おもてなし〟日本的教育の人気等があります。その背景には、お互いに尊重し　お互いに思いやる心で礼儀を尽くす日本人の醸し出す美しい姿があります。つまり、相手を信頼して付き合うことで支援が生まれ、支援し合うことで、信頼が深まる、これこそが〝信頼と支援〟ＳＣＲという考え方であり、この考え方がアジア諸国においても、今求められていることなのです。

# 第4章

# 【実践】信頼経営への変革シナリオ

全ステークホルダーからの信頼が得られてこそ、経営が成り立ち継続も可能になることは、ここまでの内容で再認識されたと思いますが、その〝信頼経営〟への変革をどのようにして実現すれば良いのかを確認してみましょう。

## ■経営トップ自身が「理念に魂を吹き込む」こと

理念は、組織に於ける様々な個性ある複数の人を束ねることが出来るといった「求心性」があるものです。起業した時点で、立派な理念（社是）を掲げてスタートする企業も多く、その理念に対して当初は強い想いが入っていると思われます。

しかし、創業社長が、起業家として創った意図（存在価値）が、後継者に浸透していなくて、いつの間にか、目に触れることもなく忘れ去られていることもあるようです。

従って、自社の存在価値という原点に戻って、経営トップ自身が理念に対する深い想いを再度確認して取り組むことが必要なのです。つまり、経営トップ自身の理念に対する想いを深めることで、「理念に魂を吹き込むことが重要なのです。魂を吹き込むとは、理念＝自社の存在している価値をしっかりと理解し、自分の価値観（人生観）と統合し、それに向かって取り組む決意をした状態になることです。

理念は、その企業の社会に対しての存在意義であり、その企業の所属者がその実現を目指すことで、企業の存続を可能にするといった、全ての指針になるものです。まずは、このステップがなければ　信頼経営への変革のスタートそのものが切れないといっても過言ではありません。

## ■理念を浸透させる

理念浸透といっても色々な状況がある中、難しいのも事実です。しかし、経営トップの理念に対する想いをトップ層から管理者層・メンバー及びパート社員に至るまで浸透してこそ、企業組織としての理念実現に向かうための判断基準となり、まとまった効果的活動に繋がるのです。

理念の浸透及び、組織としての効果的活動に繋げるための具体的手順をさらにまとめてみます。

① 解説　　　　経営トップが経営層に対して、理念を具体的に解説
② 理解確認　　経営者会で、経営層の理念の理解の確認
③ 発表　　　　経営トップから全従業員（パート社員も含む）への発表
④ 実施働き掛け　経営層が管理職からのメンバー社員層・パート社員へ理念浸透の働きかけを地道に実施するよう働きかけ、その検証もする

## ■全社ビジョンの創作・宣言

### 全社ビジョンの創作

理念を背景とした、長期・中期・短期の全社経営ビジョンを経営トップが案として提示し、経営トップ層と統合を図る。この場合には、経営トップからの案に対して、経営トップ層は　安易に妥協することなく　自分達の会社理念実現に繋がるかどうかを判断基準とした議論を十分にすることが肝要です。この議論を通じて、経営トップ層が全社ビジョンの意図も含めた理解を深めることにつながり、ビジョン実現に向けての本気度が高まることになるのです。

ビジョン（大目標）には、必ずあるべき姿として、①期間（EX．5年・3年・1年等）②具体的数値（売上・利益・組織体制等）③お役立ちイメージ（全ステークホルダーに対して）、といったことを最低限明確にしてください。

### 全社ビジョンの宣言

決定した〝全社ビジョン〟実現に対して、経営トップが各トップ層に期待する方向性を伝えることで、トップ層各人がこれからの取り組む方向性を確認することにつながり、次のステップとしての担当部署のビジョン創作に影響を与え、ビジョンの連鎖を図るのです。

## ■部門ビジョンの創作・宣言

### 部門ビジョン創作

全社ビジョンを背景に、部門のビジョン（あるべき姿）を具体的に創ることは、大変重要です。前述したように、個性ある人の集まりであり、その人たちを一つにする求心力になるのが理念であり　それを背景としたビジョンなのです。

未来を見据えて、理念実現のために考えられた〝全社経営ビジョン〟を実現するために、自部門が将来に於いてどうあるべきかをグローバルな視点であらゆる角度から創造するのです。

部門ビジョンに於いても、必ずあるべき姿として、次の3つを明確にしてください。
①期間　②具体的数値（売上・利益・組織体制等）　③お役立ちイメージ（全ステークホルダーに対して）

さらに、ビジョンを創作するときには、次の3つの視点を元に創造することで、未来と今を見据えた、部門経営につながるのです。

① 貢献（どの市場にお役に立つか？）
② 成長（どのようなチャレンジで成長するか？）
③ 組織力（どのように協働して、シナジーを発揮するか？）

組織力とメンバーの成長を通じて市場にお役に立ち続けることで、チームとしての存続が可能となり、部門全体への貢献に繋がるのです。

## 部門ビジョン宣言

次に、決めたビジョン（何を、どのように、どのレベルでありたいか！）を部門全体に宣言するのです。そのことで、部門メンバー達は、自分たちがどこに向けて貢献すれば良いのかが分かり、そのために何をしようかと考える（創造性）力が養われ、さらには、道が見えることによる安心感にも繋がるのです。

宣言した部門長に於いても部門をどこに向けてマネジメントすれば良いかが明確に意識され、そのための具体的課題が知恵として浮かび上がってくるのです。

策定したビジョンをメンバーに宣言することが、部門長としての決意を示すことになり、組織としての機能的動きにつながるのです。何故なら、〝人は、その人の想いについてくるもの〟です。部門長の想いが明確で魅力あるものなら、メンバーはその長の想い実現のために、ひと肌もふた肌も脱ごうとするのが普通なのです。それだけに理念を背景とした、ビジョンを策定し且つ宣言することで　部門長の想いを実現しようとするメンバーが増えて、同じ志（ビジョン）に向かっての組織力が強化され、ビジョン達成の可能性が大きくなるのです。

## ■下部組織の戦略構築

部門の下部組織として、チームがある場合も、そのチームに於いて、チームリーダーが、上位部門のビジョンを踏まえて、自チームの目標とその達成のために、何をするか（戦略課題）を決める必要があります。理由は、これまでと同じように、複数のメンバーが同じ方向で活動し、相乗効果で結果を出すためです。その結果とは、前述にもあるように、ビジョンの中に、あるべき姿として、①期間　②具体的数値（売上・利益・組織体制等）③お役立ちイメージ（市場に対してどのように貢献するか？）、を決めるのです。

具体的には、自チームが1年後に、どのようにして、どれだけの数値目標を達成するのか？　そして、その達成のための戦略課題（どの市場に対して何をするのか）を何にするのかを決める必要があるのです。

リーダーの使命は、〝任された自部門の業績を上げ続ける〟ことですが、続けるためには、メンバーの成長が欠かせません（リーダーである自身の成長は当然のことです）。

従って、各メンバーとの成長目標設定が肝要であり、さらにその決めた目標に対して、〝言いっ放し・させっ放し・やらせっ放し〟にならないために、その目標達成のためのプロセスマネジメント（目標・課題進捗確認）が必須なのです。

チーム目標・方針を踏まえて、メンバー一人ひとりに於いても、個人の成長目標、課題を計画し、最終的にリーダーとメンバー間で統合する過程を踏む必要があります。

何故なら、チーム目標を踏まえて、個人としての目標をどの成長レベルまでやるか、そのために何をするか（課題）を明確にすることで、チームワークを前提とした、目標達成に向けた個人の能力の集中となり、結果チーム目標達成という成功に極めて繋がりやすくなるからです。

## ■メンバー個人の成長目標・課題策定と統合

チーム目標・方針を踏まえて、メンバー一人ひとりに於いても、個人の成長目標、課題を計画し、最終的にリーダーとメンバー間で統合する過程を踏む必要があります。

何故なら、チーム目標を踏まえて、個人としての目標をどの成長レベルまでやるか、そのために何をするか（課題）を明確にすることで、チームワークを前提とした、目標達成に向けた個人の能力の集中となり、結果チーム目標達成という成功に極めて繋がりやすくなるからです。

まずメンバーの成長につながる挑戦目標及び課題としての条件をまとめてみます。

## ■成長目標・戦略課題の条件

1）従来の延長線上でなく、自ら成長できる革新目標
2）具体的でわかりやすい目標・課題
3）市場に目を向けた目標・課題
4）目標達成に繋がる課題

次にメンバー自らが主体的にその目標を達成しようとする統合のための手順を具体的に整理します

**〈メンバーの個人目標・課題　統合の手順〉**

1）リーダーがチーム目標・方針（目標達成のための方向性）を全メンバーに発表する

2）メンバーは、1）の発表を受けて、自分自身の個人目標と個人戦略課題（目標達成の為に何をするか？　といった計画書を提出する

3）リーダーは、メンバーから提出された計画書を見て、チーム全体の次期目標を見据えて、メンバーの成長目標・課題を前年までの状況から期待も含めて案として考えておく（計画）

4）成長目標で統合するための面談実施メンバーから出てきた計画（目標・課題）が、今後の成長につながるかどうかを判断基準に、成長目標・課題で統合する
そして、実行計画作成をする（実行）

5）統合したまま〝言いっ放し〟状態にならないように、日常の進捗状況のチェック面談の約束及び実施（実行）

6）期末の時点で、結果確認と評価及び原因分析（チェック・アクション）

7）次期計画へ（さらなる成長を目指した次期計画へ）

## ■具体的実行計画策定

次に、個人目標と目標達成のための課題をクリアするための実行計画書を最も具体的なレベルで策定することが必要です。何故なら、具体化すればするほど成功期待感が生まれ、実行と成果に繋がるからです。

留意点としては、次の3つが挙げられます。

（1）何を、いつ迄に、どこで、誰と、どのように、どのレベルまで　等を明確にし、今週中・今月中・今年中など曖昧な表現は避けることです。

（2）計画には、期間と成果が伴うだけに、無理な計画になると途中で挫折する恐れがあります。紙一重の努力でやり続けられる計画にすることです。

（3）予想される障害・リスクも事前に押さえて、その対策も考えておくことです。

## ■問題と課題の明確化

本来予定通り行けば、その時点での達成レベルよりも少ない（遅れている）現状が想定されます。つまり、あるべき姿（プロセスに於ける達成水準）に対する現状とのギャップを問題と言います。※実際には、低いだけでなく、高い場合も問題となることがあります。

また、問題の原因の中で解決すべき事柄のことを課題と言います。

## ■プロセス管理

メンバーが、期初までに決定した目標課題を「言いっぱなし・させっぱなし・ヤラセっぱなし」にしないためにも、プロセスに於けるマネジメントが必要です。従って、結果が出た後の結果確認（チェック）及び原因究明及び評価（アクション）だけでなく、プロセス&結果管理が重要なのです。

## ■結果管理　事実＝Check　原因究明・評価＝Action

期初に目標・課題で統合し、プロセスに於いてもチェック面談で問題解決を繰り返し、期末を迎えた時には、目標に対する達成状況の事実確認や評価をする必要があります。

評価においては、その結果の原因が何かを考え次年度の個人課題として落とし込む必要があります。

何故なら、目標未達ならば、達成というあるべき姿に対して現実が未達であり、そこにギャップとしての問題が存在し、その原因究明をすることで、その原因を解決するために何をするかという課題が明確になるのです。

## ■フィードバック面談

期の締めくくりとして、メンバーに対して評価結果を伝える面談をフィードバック面談と言っています。

ただ、評価を伝えるだけではなく、あくまでもメンバーの成長促進という来期を見据えた面談にする必要があります。

従って、期初に立てた目標に対する進捗状況などの確認と同時に、評価の根拠を伝えるだけでなく、今期の問題の共有とその原因をメンバーに考えさせ、その原因を来期は、何をすることで解決するのかを決めさせる面談です。

## ■来期　チーム・部門の目標・戦略課題設定

個々のフィードバック面談を通じて、来期のチームとしての成長目標・課題のヒントとして反映させます。

メンバー個々の課題が認識出来ていれば、今後のチームトータルでの成長目標の設定及び、チーム全体としての課題に対する取り組み計画などが立てやすくなるのです。

## ■マーケティングとイノベーション

### ～核となるのは、リーダーのマネジメント

組織にあって、チームの全責任を負い、メンバーを動かし、進むべき道へと導くのがリーダーの役割です。では、リーダーはチームが成果を出すために何をどのようにマネジメントしていけばいいのでしょうか。リーダーが行うべきマネジメント領域について考えていきたいと思います。

まず、リーダーが考えるべきは、外部環境（＝組織の外側）と内部環境（＝組織の内側）をつなぐ役割です。市場や顧客の状態と、組織のメンバーの様子を読み取り、その環境に適した方針や手順を提示し、その計画を実行するための環境を整えます。思わぬ不測の事態に遭遇した時には、チームが向かう方向性を見直す柔軟性も必要です。こうした「環境マネジメント」は、リーダーが率いる組織が繁栄していくかどうかを決定づける重要なテーマでもあります。

次に考えるべきは、メンバーのスキルやモチベーションを高める「モチベーション・マ

ネジメント」です。企業成長によって最大の資源はそこで働く人材です。その視点から考えると、メンバーのモチベーションの低下は企業活動の根幹を揺るがしかねません。メンバー1人ひとりのスキルが最大限に発揮されるように、メンバーのモチベーションを誘発する技術が必要なのです。

そして、組織の活動成果を高めるには、ある程度のルールを定めて、メンバーをコントロールする必要があります。この「ルールマネジメント」もリーダーの重要な役割のひとつです。組織には就業ルール、報酬ルールなどさまざまなルールがあります。リーダーは組織の成果を高め、メンバーとのコミュニケーションを円滑に進めるためにも適切なルールを設定して、その運用に当たることが求められます。

そして最後に組織内のコミュニケーションが滞りなく巡っているかを左右する「コミュニケーションマネジメント」もリーダーの重要な役割のひとつとなります。メンバー間のコミュニケーション不足からプロジェクトが滞留し、トラブルが起こるケースは少なくありません。それを防ぐためにもリーダーは伝えるべき相手に、もれなく伝達できるよう手段を定め、運用する必要があります。また、業務連絡や相談がしやすいように発言できる場を設けるなど、コミュニケーションフローを作るなどの対策を取っておきたいもの。プロジェクトを成功へと導くためにも、スムーズにコミュニケーションが取れる、風通しの良い業務環境を作るようにしたいものです。

## ■マネジメントの中心は人の育成(人は財なり)―― 不当不滅の企業創造

企業が揺るぎない理念を掲げ、活動していくためには、その理念を理解し、共感し、同じ目標に向かって進む「人材」を育てる必要があります。

今も昔も「人材育成がうまくいかない」というのは、多くの企業が抱える大きな悩みのひとつ。世代間の考え方の違いが生み出す「今どきの新入社員」問題、そして日々の多忙に追われ、育成のための時間が取れないといった職場環境の問題など、さまざまな課題を抱えている企業が多いのです。

人材育成とは、高度な技術を身につけさせたり、たくさんの研修を受講させればいいというものではありません。その企業がめざすべき「目的・ゴール」を理解し、自ら行動し、成果を生み出していく人材へと成長してもらうことが最終目標となります。そのためには、「上司とメンバー」「メンバー同士」の関係を見直し、「人を育てる職場風土を創り出すことが重要となります。

こういった職場風土に影響を及ぼすことができるのは、そのチームのリーダーであり、マネジャーです。職場の風土・環境に問題が見られるのであれば、その改善や改革の役割を担い、その職場に根付いている「こうするべき」「こうするのが当たり前」という暗黙の価値観や規範を共有しなくてはなりません。

これらは「どのような行動が正しくて、何が間違っているのか」「どこまでの行動が許容されるのか」など、メンバーが判断・行動する時の基準となるもの。複雑であいまいな状況の中でメンバーが的確に物事を判断し、自律的に行動するためには、内在化しがちなこの価値観や規範を明示すると同時に、「対話」を通じてその価値観・規範の背景にどのような意味があるのか、なぜそれが職場にとって大切なのかという〝想い〟を伝えることが重要なのです。

人材を「人財」とするか「人罪」とするのか――そこにはマネジメントの力が大きく影響します。目先の業績を追求するあまり、人材の育成を後回しにしてしまう企業も見られますが、人を育てない限り業績が伸びることはありません。まさに「人は財なり」なのです。

## ■実録――成功する企業の例

成功する企業には、揺るぎない信念とそれに基づいた経営手法がある――そんな事例をここでいくつか紹介します。事業の分野や規模は違えども、きっと参考になる取り組み・視点が見つかるはずです。

**《京セラ》**

創業者・稲盛和夫氏が一代で築いた京セラ。その成功ポイントの一つには「フィロソフィ」の存在があります。会社が岐路に立たされた時、経営者は自分一人で考え、決断を迫られます。しかし、それでは会社がどこかで行き詰まり、経営者の私利私欲で動かすことになってしまいます。そこで稲盛氏は「自分と同じ考えを持つ、自分の分身のような人物」を育成しようと考えます。自分の想い・考えをまとめた「京セラフィロソフィ」を作成しました。そしてそれを浸透させることで、社員全員が同じ意識を持ち、同じ目標に向かって仕事をすることができたのです。京セラ成功の理由は、フィロソフィによって社内の意識を統一し、社員全員が経営について考えられるような仕組みを作ったからなのです。

そしてもう一つ、京セラ成功の影にあるのが、稲盛氏が創業当時から変わらずに貫いてきた「アメーバ経営」の存在があります。これは、経営哲学と部門別採算管理をベースにした経営手法のことです。会社組織を小さなチームに分け、全員で経営を行っていく仕組みを構築することで、経営の内容が正確に把握でき、各部署の採算を正確にスピーディーに知ることができます。

京セラのような巨大組織になると、組織の末端の経営状態や採算があやふやになってしまうことも多々ありますが、こうした正確さ、スピーディーさを追求し続けたことも成功の大きな要因といえるでしょう。

稲盛氏が大切にしている「経営12か条」は、「具体的な目標を立てる」「誰にも負けない努力をする」「思いやりの心で誠実に」など、一見すると〝当たり前〟のことばかりとなります。しかしそれを着実に実行してきたからこそ京セラがここまで成長したといっても過言ではありません。トップの理念・経営手法を末端まで浸透させ、トップ自らが有言実行で率先してそれを実行する――それが企業を経営し、人を育てるためには何よりも重要なことなのです。

## 《ヤクルト》

医学博士・代田稔氏の「世界の人々の健康を守りたい」という想いからスタートしたヤクルト。その想いは創業から80年を超えた今も「代田イズム」として受け継がれ、すべての事業の原点としています。

誰もが手に入れられる価格で腸を守る『乳酸菌 シロタ株』を1人でも多くの人々に、手軽に飲んでもらいたいという、3つの項目からなる「代田イズム」は、まさにヤクルトの経営そのもの。また1963年から導入されたヤクルト独特の販売システム「ヤクルトレディ」も、家族の健康を守る〝お母さん〟によるセールストークの説得力ときめ細やかな対応で成功をおさめました。

今、ヤクルトレディがフォローできない部分を店売りでカバーするようになっていますが、それでもヤクルトレディは店売りの2倍の数を販売しているといいます。ヤクルトにとっては、ヤクルトレディこそが宝。創業者である代田氏は、常にヤクルトレディを大切にし、慰労会を欠かすことはなかったのだとか。

そして、今、このヤクルトレディのシステムは、海外でも大活躍です。特に大規模スーパーなどがない新興国で大きな力を発揮しています。また国内においても、ヤクルトレディが活躍する全国の営業所のほとんどが保育所完備となります。働く女性を応援する、その企業姿勢が変わることはありません。

「予防医学」を研究し「一人でも多くの人を健康にしたい」という創業者の想いが、健康な腸を保つことで長生きできる「ヤクルト」という唯一無二の製品を生み出し、誰もが手に入れられる価格で届ける。そんな「消費者に良い商品を届けたい」という一致した想いが生み出した成功事例だといえるでしょう。

**《沢根スプリング》**

静岡県浜松市にある沢根スプリング株式会社は、昭和41年創業、従業員50名ほどのばねメーカー。創業以来黒字経営を続け、2014年には、「日本で一番大切にしたい会社大賞」において「中小企業庁長官賞」を受賞し、注目を集めました。

20年ほど前までは、自動車部品メーカーとの取引に大きく依存し、常に他社との価格競争にさらされていたという沢根スプリング。こうした状況を見据え、二代目である沢根孝佳社長が大きく経営方針を転換。小ロットやスポット品の市場にも注力し「どんなばねでも1本から作る」というモットーのもと、業界初の標準ばねの通信販売「ストックスプリング」は、独自のサービスと速さで、今や全国1万8000社ものお客様に利用されています。

こうした経営方針転換の背景には、中長期的な経営を重視した時に「いつまでも国内市場の右肩上がりが続くとは思えない」という先見の明と、「効率重視だけでは社員の成長が感じられない」という、従業員への想いがあったといいます。

1．会社を永続させる／2．1回限りの人生を大切にする／3．潰しの効く経営を実践する／4．いい会社にする／5．社会に奉仕する

という、シンプルな経営理念を、沢根社長を筆頭に全社員が徹底。会社の存続のために、適正な利益を上げ、適正規模を守った堅実経営に徹し、社員が健康で幸せな人生を送れるよう、残業はほとんどなし、有休消化率80％以上の「働きやすい職場」づくりにも力を入れています。

「ゆとりと幸せ実現経営」をめざし、全社員のその年の目標をまとめた『やらまいか文集』を配布。また毎月の給与明細には、社員を支える家族のために社長自らが、会社の状況を

伝える『社長便り』を同封するなど、どこまでも社員を大切にする想いが伝わり、離職率もほぼゼロ。会社の理念・目標を共有した社員とともに理想の会社をつくりあげているのです。

## おわりに

### ■信頼と絆は、国境を越えて

今、世界を身近に感じる時代となっています。IT社会のうねりの中で、人と人の交流も以前とは別世界と言って良いほど、活発に繰り広げられています。その中で私自身もインターナショナルに経営コンサルタント（顧問業）として活動していますが、周りの人からよく言われるのが、「国が違うと人材教育一つとっても、まったく違うでしょう。どうしておられますか？」といった質問です。

私は、都度「国が違うと確かに、文化・風習などいろいろ違う面はありますが、基本はどの国も同じです」と答えます。

それは、同じ人間だから〝幸せになりたい〟といった欲求が共通して存在します。その幸せを招くのは自分であり、その自ら幸せを招く方法としては、他人に対して信頼を前提に支援していけば、そこには必ず信頼が返ってきて、結果お互いに信頼し支援し合う「絆」が生まれるのです。そして、その絆の関係を多くすることで、絆の輪が大きく拡がるのです。

今は、その絆の関係を国際社会で拡げていくことが、相互信頼の上に立った世界平和に繋がると信念を持ってビジネス展開をしていくことが必要とされているのではないでしょうか。まさに、「信頼と絆は、国境を越えて」の世の中なのです。

この本では、その想いを込めて、筆を執った次第です。最後までお付き合いくださり心より感謝申し上げます。

ＢＧＭ株式会社
代表取締役
市耒　晃次

# 理念の方向で、創造型経営を実践する為のコンサルティング手法

## コンサルティングコンセプト

「需要創造が必然の時代において、理念をベースとした情報活用型経営のOJT機能化で、経営効率を高め、業績の向上を実現する」

### 1・情報システムに対する基本的考えを変える

**【1】経営における、情報漏えいリスクからの保護**

サーバーは、持つもの⇩借りるもの

**【2】情報システム開発に対する考えを変える**

アプリケーションは、自社として開発が必要で、その初期コストは大である
⇩基本開発は、専門企業に任せることで、初期コストは少なく
その後の開発もアウトソーシングすればよい＝コア事業への特化）

### 2・インテリジェンス情報への進化

共創による需要創造が企業存続の絶対条件の中で、単なる情報をインテリジェンス情報に進化させ、多くのメンバーが情報を共有化することで、そこから需要創造の種を引き出し全ステークホルダーへのお役立ち企画を創ることを成果とする、〝情報活用型需要創造企業〟を実現する。

●マーケティング・イノベーション・コラボレーションのための情報の共有化
●社員がビジョン実現（自社・自分）に対する情報を常にキャッチする状況を創り需要創造組織の一員であることの誇りをもつ

### 3・進化した人と組織への変革

変革プロセスにおける組織の動きを想定した、改革ノウハウを提供することで、スムーズに迅速に的確に進化した企業組織の人と組織の状況を共創する。（組織の変化を維持する＝人と組織・変革自体の考えを変革する）

【1】生きたシステムという組織観

【2】組織成長の原理としての成長プロセスと制限プロセスの相互作用
対象：経営者　本格的に需要創造型実践理念経営を目指そうとする企業経営者

### 4・根本からの変化を維持するリーダーとして根本からの変化を起こし、維持する

組織のあらゆるところに変化を持続させるリーダーが偏在し、リーダーどうしが協働コミュニティを形成していることが必要。

【1】現場リーダー
変革の現場で行動するリーダー

【2】ネットワークリーダー
ネットワークの構築・拡充、新しいアイデアや変革情報を組織内に伝播してゆく。パイロットグループと組織内の他グループやメンバー、役員リーダーとの間の支援関係や協働関係構築の媒介役。

【3】役員リーダー
絶えざる変革と知識創造のための組織環境を整える。
学習インフラ投資支援　新しい規範と行動の率先垂範　メンタリング・コーチング　意思決定権限の委譲等。

### 5・組織は、人間のコミュニティという生きたシステム

根本からの変化とは：人々の価値観や志や駆動における内的な変化と、プロセス・戦略・手法・システムにおける外的な変化を統合した組織変革である。

【1】パイロットグループ
変化への意志やエネルギーの高い一部のメンバー達が新たな試みを起こすから始まる。組織の成長と進化の核となる。

【2】インフォーマルネットワーク
最初は小規模な動きがスタートし、次第に多くの人や変革の思いを共有し、インフォーマルな思いを共有し、インフォーマルなネットワークを通じて互いにオープンなコミュニケーションをとりながら、具体的な変革に向けて協働する。
（1）成長ループ・・・・チャレンジ
（2）協働のネットワークが発展するループ・・・・協調
（3）業績を上げていくループ・・・・貢献

3つのループの成長プロセスが「根本からの変化をする」「変化が単発ではなく持続する」原動力となる。

### 6・根本からの変化の壁となる10の課題

根本からの変化を促進する3つの拡張循環の成長プロセスにも、変化に対して安定しようとする平衡循環の制限プロセスが働く。

〈具体的現象⇩原因（考え方）⇩ソフトとハードの課題とその解決策〉
《初期》パイロットグループ自体に課題が現れる（未熟さ・不安定さ・土壌の未整備が起因となる）

【1】時間がない
変革活動に対する注力すべき時間が有効に使われなかったり、変革活動の優先順

位が下げられたりしてしまう。内省や探究、対話等の基本的学習能力の発達が妨げられ、変革へのコミットメントも低下する。

[2] 孤立無援
支援が必要だがその土壌と体制が整っていない場合、パイロットグループは十分な成果が上げられず、孤立感と徒労感の内に変革活動は勢いを失っていく。

[3] 意味がない
変革の必要性や意味がパイロットグループのメンバー或いは組織内に十分に共有されていない場合、メンバーは変革の目的を自分と結びつけることができず、コミットメントを維持することができなくなる。

[4] 言行不一致
経営層やパイロットグループのリーダーの姿勢や本気度合、価値観や変革の目的、メンバーが内省することへの安全性に関して言行不一致が感じられる場合変革活動に対する信用が低下し、メンバーのコミットメントが失われていく。

〈第二期〉 パイロットグループの活動の影響がグループ外にも及び、次の変革を維持する段階では、パイロットグループ内部と外部とのかかわり合いの中で課題が発生する

[5] 恐れと不安
パイロットグループの学習能力が高まってくると、オープンに話し合える開放性が高まってくるが、パイロットグループや組織の中に何を話しても安心という安心性と信頼が十分確保されていないと、セーフティーネットの無い変革活動に対する恐れと不安が生み出され、変革を維持することが困難になってくる。

[6] 評価と測定
変革活動が進むと、パイロットグループの内外での変革の成果に対する期待が高まる一方、従来の評価体系では新しい変革の意義と成果が測定できないことから、期待と成果実感のギャップが大きくなり、しだいに根本からの変化への取り組みに対する信頼が失われる

[7] 改革者と部外者
パイロットグループの変革への熱意と信念、成果への自信が強くなるにしたがい、グループの凝集性高まり、外部との溝が広がってしまう。グループに対する周囲の脅威感や反発が増し、変革活動への周囲の巻き込みも困難になる。

〈第三期〉 変革の取り組みがある程度成果を収め、正当性が認識されるようになると今までの部分的取り組みが組織全体に影響を及ぼすようになる。変革の普及、組織の構造基盤、統治原理、慣習への影響の中で課題が現れる。

[8] ガバナンス（統治）
パイロットグループの現場での自立的な自己統治能力の高まりや、組織内の他グループや他メンバーとの相互依存性や協働関係の自律的な管理に対して、役員層が寛大な新しいガバナンス構造を開発できない、あるいは現場での自立性が未成熟な場合、管理統制への揺り戻しが生じ、メンバーの変革に対する熱意と積極性を低下させてしまう。

[9] 普及と浸透
パイロットグループでの成功事例に学べない、組織の壁を越えて成功の経験やノウハウを伝える能力がない、または組織内に学習や普及の土壌、インフラがない場合、組織全体にわたる変革は困難なものとなる。

[10] 戦略と目的
根本からの変化が進み学習能力が高まると、パイロットグループのメンバーの視点が高くなり、組織全体の戦略や目的にまでかかわりを持つアイデアが生み出されるようになる。これを受け入れ、新たな創造を行う組織能力が不足していたり、もともとの組織戦略や目的が志の低いものである場合、組織全体の成長が停滞してしまう。

## 〈具体的変革コンサルティングの流れ〉

〈初期〉 パイロットグループ自体に課題が現れる（未熟さ・不安定さ・土壌の未整備が起因となる）

[1] 時間がない
変革活動に対する注力すべき時間が有効に使われなかったり、変革活動の優先順位が下げられたりしてしまう。内省や探究、対話等の基本的学習能力の発達が妨げられ、変革へのコミットメントも低下する。※役員リーダーの強い信念と共鳴するメンバーの選出

（1） 真の原因
未来想像の取り組みの為成功することの確信がない
⇩チャレンジすることを恐れず何もしないことを恐れる（本田宗一郎）
夢は人生の原動力

（2） ソフトとハードの課題解決
①ビジョンの明確化（夢レベル）
パイロットメンバーでのダイアログローバルな視点で、世界の動き（社会・経済・人口動態・自然環境等々）を見据えた理念経営の実践、情報活用及び保護・業務効率化・コンプライアンスのあるべき姿
②全体業務を良く知っている人材・システムリーダーの選出
③現状の把握
全社業務フローの整理（業務の流れの図式化
⇩全体最適で　ゼロから　業務のあり方・情報の流れを整理する
④すべきことを課題として明確化する

[2] 孤立無援
支援が必要だがその土壌と体制が整っていない場合、パイロットグループは十分な成果が上げられず、孤立感と徒労感の内に変革活動は勢いを失っていく。※役員リーダーが他役員の理解を促進し、協

力体制のスタートを切ることがポイント
⇩メンバーの安心と取り組み促進

（1）真の原因
夢は夢で終わるもの
⇩夢実現を信じて取り組み続ければ、必ず実現できる

（2）課題解決
①最重要は、役員リーダーの何事にも屈しない不退転の強い想い
②グランドデザインの明確化（全体像：目的・完成した姿・メリット・計画・・・）
③経営者の理解　プレゼンテーションによる合意を取る（取締役会決定としてのトップダウン決済を取る＝トップ層の支援の約束）

［3］意味がない
変革の必要性や意味がパイロットグループのメンバーあるいは組織内に十分に共有されていない場合、メンバーは変革の目的を自分と結びつけることができず、コミットメントを維持することができなくなる。※現場リーダーの選出とそのリーダーシップによる統合

（1）真の原因
日常業務の取り組みがあるのに、これで良いのか
⇒革新なくして、未来はなし
革新は、自らしてこそ実現する（待っているものではない）

（2）課題解決
①パイロットメンバー同士の定期的ミーティング開催及びメール等によるコミュニケーションの実施
②変革の目的の再確認と自分にとっての意味を再認識する

［4］言行不一致
経営層やパイロットグループのリーダーの姿勢や本気度合、価値観や変革の目的、メンバーが内省することへの安全性に関して言行不一致が感じられる場合、変革活動に対する信用が低下し、メンバーのコミットメントが失われていく。※経営者リーダーと現場リーダーの想いの統合と運営の権限委譲

（1）真の原因
現場リーダーの選出判断は、その立場にいるものから選ぶ
⇩現場リーダーは、その能力で選出（抜擢も含めて）する
理想を掲げれば、人はついてくる
⇩リーダーの熱い想い・情熱に他人はついてくるもの

（2）課題解決
①現場リーダーは、常に判断の基準を"ビジョン"に置きメンバーと語り合う
②パイロットグループメンバーの情報受発信機能を強化し、革新の為の具体策の知恵の共創を図る　創出会議の実施

〈第二期〉パイロットグループの活動の影響がグループ外にも及び、次の変革を維持する段階では、パイロットグループ内部と外部とのかかわり合いの中で課題が発生する

［5］恐れと不安
パイロットグループの学習能力が高まってくると、オープンに話し合える開放性が高まってくるが、パイロットグループや組織の中に何を話しても安心という安心性と信頼が十分確保されていないと、セーフティーネットの無い変革活動に対する恐れと不安が生み出され、変革を維持することが困難になってくる。

（1）真の原因
失敗すると誰も助けてくれないのでは(不安感)
⇩ビジョンの共有化を十分果たしておけば、共通目標達成の同志は揺るがない

（2）課題解決
①現場リーダーのリーダーシップ
②グループ外の現場の主要なメンバーに、革新プロジェクトメンバー参画を働きかけ、現場実践のスタートを切る
③革新の為には、資源配分も含めて議論をする必要があるが、情実優先ではなく全体最適を考えて、ビジョン実現の為に何が必要かを議論する〉
④プロセス状況の報告を経営者に実施し、協力体制を引き出す。
⑤プロジェクト発足により、現場実践を促進する

［6］評価と測定
変革活動が進むと、パイロットグループの内外での変革の成果に対する期待が高まる一方、従来の評価体系では新しい変革の意義と成果が測定できないことから、期待と成果実感のギャップが大きくなり、しだいに根本からの変化への取り組みに対する信頼が失われる

（1）真の原因
未知の取り組みに成果検証は必要ない
⇩未知の取り組みだからこそプロセス成果の検証をすることで、周りからの評価　が得られ次のステップに進める

（2）課題
①常に現場の期待とのギャップ（ハード機能と期待）状況を直接のコミュニケーションで把握すること
②変革結果によるメリットを見える化し、誰でも理解できる状態を創りプロジェクトメンバーで共有をし、現場に広める
③できること出来ないこと（コストとの絡み・現状技術）を明確にする

［7］改革者と部外者
パイロットグループの変革への熱意と信念、成果への自信が強くなるにしたがい、グループの凝集性高まり、外部との溝が広がってしまう。グループに対する周囲の脅威感や反発が増し、変革活動への周囲の巻き込みも困難になる。

（1）真の原因
ここまで取り組んできた自分たちの言うとおりにすれば良い
**⇒全員の理解・協力があってこそ、成功は近づく**

(2) 課題
①情報のオープン化が溝を無くす為に必要
②現場リーダーのリーダーシップによる緻密なプロジェクトメンバー同士の情報交換の実施。
③システムリーダーによる具体的操作等の説明による活用の促進

〈第三期〉変革の取り組みがある程度成果を収め、正当性が認識されるようになると今までの部分的取り組みが組織全体に影響を及ぼすようになる。変革の普及、組織の構造基盤、統治原理、慣習への影響の中で課題が現れる。

[8] ガバナンス（統治）
パイロットグループの現場での自立的な自己統治能力の高まりや、組織内の他グループや他メンバーとの相互依存性や協働関係の自律的な管理に対して、役員層が寛大な新しいガバナンス・構造を開発できない、あるいは現場での自立性が未成熟な場合、管理統制への揺り戻しが生じ、メンバーの変革に対する熱意と積極性を低下させてしまう。

(1) 真の原因
ここまでやってきているのだから、その内役員が協力して助けてくれるだろう
⇩役員の理解と協力を引き出すのは自分たち

(2) 課題
①プロジェクトに役員も巻き込む形で、積極的に近づき働きかける
②統治能力が高まれば高まるほど、他グループとの密なコミュニケーションを図る

[9] 普及と浸透
パイロットグループでの成功事例に学べない、組織の壁を越えて成功の経験やノウハウを伝える能力がない、または組織内に学習や普及の土壌、インフラがない場合、組織全体にわたる変革は困難なものとなる

(1) 真の原因
自分たちがやってきたことを、みすみす他のグループに教えたくない
⇩組織全体としての連動を図らないと本来の目的は達成できない

(2) 課題
①グループノウハウの共有を図る機会を作る
②誰かがまとめるのを待つのではなく、自らが働きかける

[10] 戦略と目的
根本からの変化が進み学習能力が高まると、パイロットグループのメンバーの視点が高くなり、組織全体の戦略や目的にまでかかわりを持つアイデアが生み出されるようになる。これを受け入れ、新たな創造を行う組織能力が不足していたり、もともとの組織戦略や目的が志の低いものである場合、組織全体の成長が停滞してしまう。

(1) 真の原因
そこそこまでくれば、現状のままでも良い
⇩ 高志を抱いて、常に創造してこそ組織は生き残れる

(2) 課題
①常に、未来を創造する組織運営
②理念に立ち戻り、その実現のために何をすべきかを考え続ける

**市来 晃次**（いちき こうじ）

**経営コンサルタント**
**BGM株式会社**
**(Bonds by growing up together management)**
**代表取締役**

1951年生まれ
17年間の営業経験から、経営コンサルタント会社で25年間にわたり社会人対象研修講師、経営コンサルタント、経営者としての活動等を経験した後、2016年5月にBGM株式会社を設立。
「共に成長し合うことで固い絆で結ばれた社会」を創るために、「信頼と支援」といった考え方をもとに、顧客と共にグローバルに展開していく会社を目指している。

# 不変の成功法則をつかめ！

2017年5月10日〔初版第1刷発行〕

著　者　市来 晃次
発行人　佐々木　紀行
発行所　株式会社カナリアコミュニケーションズ
〒141-0031　東京都品川区西五反田6-2-7
ウエストサイド五反田ビル3F
TEL 03-5436-9701　FAX 03-3491-9699
http://www.canaria-book.com

印　刷　石川特殊特急製本株式会社
装　丁　安藤　司
DTP　安藤　司デザイン事務所


978-4-7782-0401-3 C0034

# カナリアコミュニケーションズの書籍のご案内

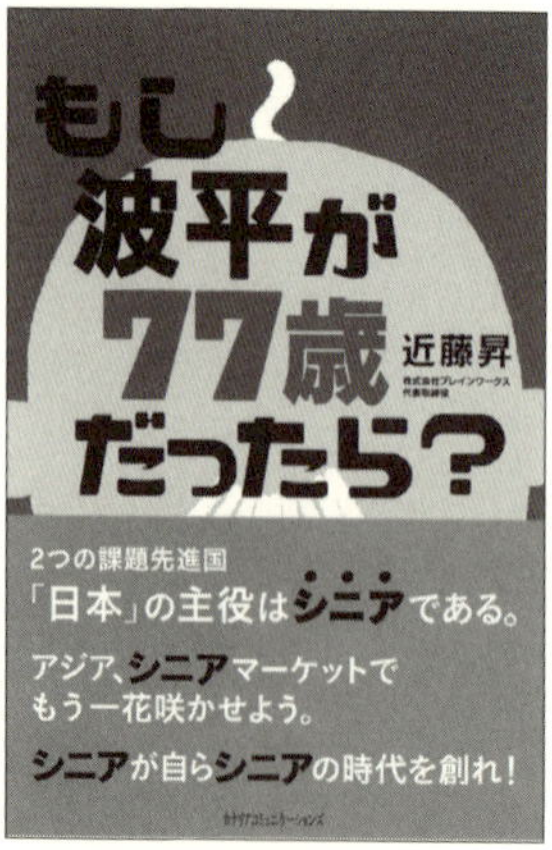


## もし波平が77歳だったら？

近藤　昇 著

人間は知らないうちに固定観念や思い込みの中で生き、自ら心の中で定年を迎えているということがある。オリンピックでがんばる選手から元気をもらえるように、同世代の活躍を知るだけでシニア世代は元気になる。

ひとりでも多くのシニアに新たな希望を与える１冊。

2016年1月15日発刊
価格 1400円（税別）
ISBN978-4-7782-0318-4

---

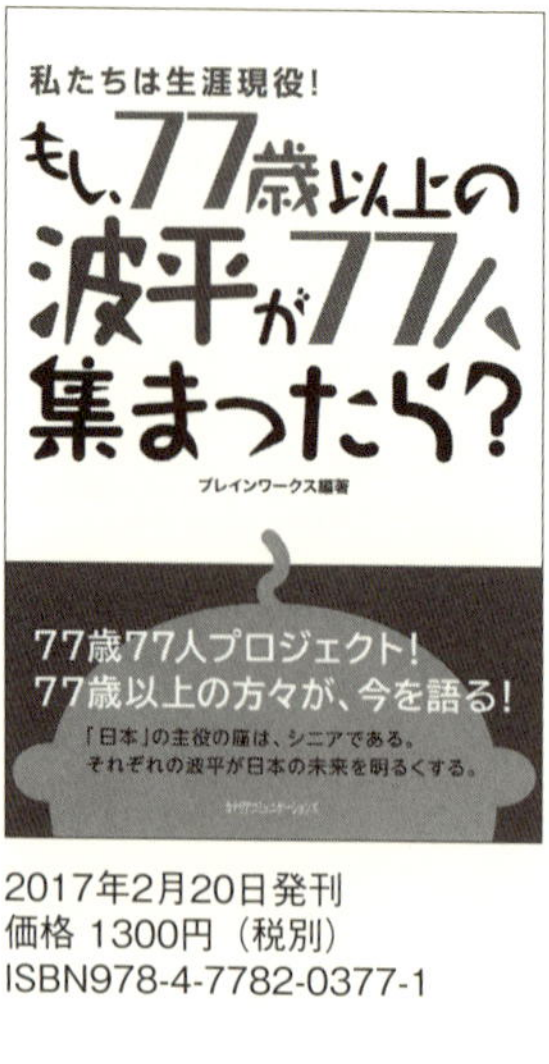


## もし、77歳以上の波平が77人集まったら？私たちは、生涯現役！

ブレインワークス　近藤　昇 著

現役で、事業、起業、ボランティア、ＮＰＯなど各業界で活躍されている77歳以上の現役シニアをご紹介！

「日本」の主役の座は、シニアです！

77人のそれぞれの波平が日本の未来を明るくします。

シニアの活動から、日本の今と未来が見える！

「もし波平が77歳だったら？」（近藤昇著）の反響を受けての第２弾企画。

2017年2月20日発刊
価格 1300円（税別）
ISBN978-4-7782-0377-1

# カナリアコミュニケーションズの書籍のご案内

## セキュリティ商品大全 2017年版

ブレインワークス　編著

あなたの会社の安心・安全を実現するパーフェクトガイド！

インターネット社会では情報流出は企業の命とりに。これからの時代に対応したセキュリティ対策を厳選して紹介。

社員からの個人情報漏洩、サイバー攻撃など日々危険と隣り合わせという状況のなか、セキュリティ商品も進化を続けている。

最新のセキュリティ対策をこの１冊で網羅する。

2017年1月20日発刊
価格 1000円（税別）
ISBN978-4-7782-0374-0

---

## すごい研修！ 50選 2017年版

ブレインワークス　編著

スピード経営の現代こそ、組織も個人も「学習し続ける」こと、そして企業の教育は最短で最大の効果が求められます。

しかし、社内のみでその教育と能力向上のスキームを作り上げることは難しいもの。企業経営における心強い味方となる効果的な『研修サービス』をここに、ご紹介します。
●企業研修　●教育研修　●管理者研修
●自己発見型研修　●組織開発型研修

2017年1月17日発刊
価格 1000円（税別）
ISBN978-4-7782-0376-4

# カナリアコミュニケーションズの書籍のご案内

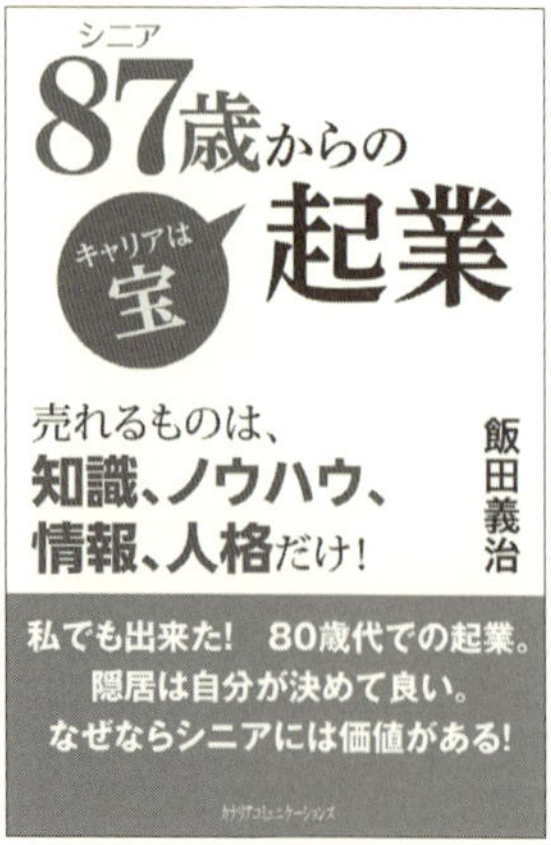


2016年11月25日発刊
価格 1300円（税別）
ISBN978-4-7782-0372-6

## 87歳からの 起業キャリアは宝！ 売れるものは、知識、ノウハウ、情報、人格だけ！

飯田　義治 著

私でも出来た！　80歳代での起業。隠居は自分が決めて良い。なぜならシニアには価値がある！平均寿命が長くなった今、定年を間近にし果たしてすぐに隠居生活が送れるでしょうか？

生きがい、張り合いの求め方は千差万別です。

このお話は、ビジネスが好きで退職後も転職を繰り返し、87歳で起業した著者のノンフィクションです。起業の方法はたくさんありますが、シニア起業に関わる情報がまだまだ少ない昨今、起業のヒントはサラリーマンにとって大切な３つのことがポイントでした。

---

2016年10月20日発刊
価格 1300円（税別）
ISBN978-4-7782-0367-2

## ワンピース思考の仲間が、木の家を建てる!!

加納　文弘 著

「低価格で高品質」「匠でなくても建てられる」という、常識を覆す木の家を提供するサイエンスホームが掲げるワンピース思考とは、仲間と共に強くなりながら、お互いに助け合い目標達成するという考え方。

その中に現状の変革を必要とする者へ突破口へのヒントが隠されていた。

「不可能を可能にした木の家」のサイエンスホームのワンピース思考的あり方は、固着した組織や行き詰っている組織に壁を打ち破るヒントとなるだろう。

# カナリアコミュニケーションズの書籍のご案内

## ICTとアナログ力を駆使して中小企業が変革する

近藤　昇 著

第１弾書籍「だから中小企業のＩＴ化は失敗する」（オーエス出版）から約15年。

この間に社会基盤、生活基盤に深く浸透した情報技術の変遷を振り返り、現状の課題と問題、これから起こりうる未来に対しての見解をまとめた１冊。

中小企業経営者に役立つ知識、情報が満載！！

2015年9月30日発刊
価格 1400円（税別）
ISBN978-4-7782-0313-9

---

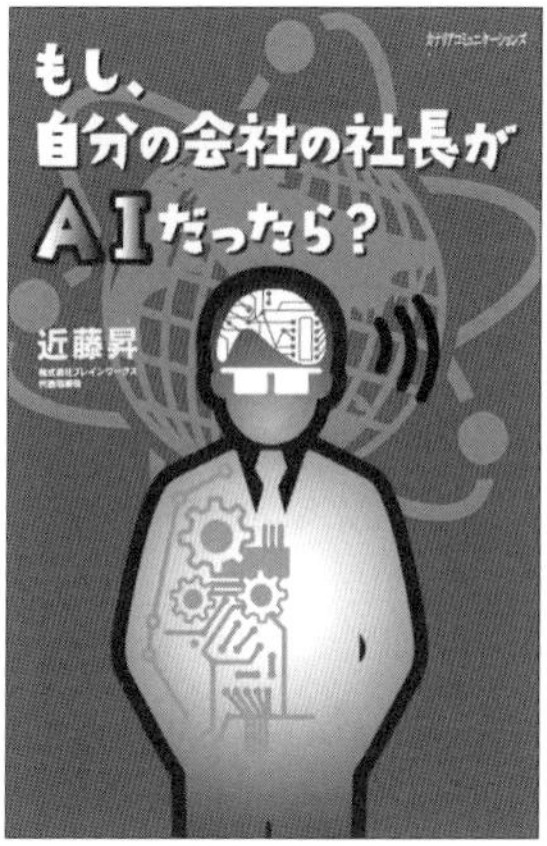


## もし、自分の会社の社長がAIだったら？

近藤　昇 著

AI時代を迎える日本人と日本企業へ捧げる提言。

実際に社長が日々行っている仕事の大半は、現場把握、情報収集・判別、ビジネスチャンスの発掘、リスク察知など。

その中でどれだけＡＩが代行できる業務があるだろうか。

１０年先を見据えた企業とＡＩの展望を示し、これからの時代に必要とされるＩＣＴ活用とは何かを語り尽くす。

2016年10月15日発刊
価格 1300円（税別）
ISBN978-4-7782-0369-6